Z NIENAWIŚCI DO KOBIET

Justyna Kopińska

Z NIENAWIŚCI DO KOBIET

Świat Książki
wydawnictwo

Wydawca
Joanna Laprus-Mikulska

Redaktor prowadzący
Iwona Denkiewicz

Redakcja
Ariadna Machowska

Korekta
Sylwia Ciuła, Marzenna Kłos

Wydawnictwo Świat Książki
02-103 Warszawa, ul. Hankiewicza 2

Warszawa 2018

Księgarnia internetowa: swiatksiazki.pl

Skład i łamanie
włoska robota

Druk i oprawa
Abedik SA

Dystrybucja
Firma Księgarska Olesiejuk sp. z o.o.
05-850 Ożarów Mazowiecki, ul. Poznańska 91
e-mail: hurt@olesiejuk.pl, tel. 22 733 50 10
www.olesiejuk.pl

ISBN 978-83-8031-853-3
Nr 90090262

Mojej Siostrze

Violetta Villas:
Jestem Twoją mamą

◆ Zaczęły się stany depresyjne. To bardzo źle wpływało na Krzysia.

◆ Ten wiecznie dzwoniący telefon u niej w domu. Mama cały czas powtarzała: „Nie odbieraj, nie odbieraj!". A potem krzyczała do słuchawki, wściekła: „Halo, ty ubeku, ty szpiclu!".

◆ Raz wróciłem do domu i zastałem mamę, jak wyrywała kable i szukała czegoś we wtyczkach. „Co ty robisz?!" – spytałem zdenerwowany. „Cii... Podsłuchują nas" – powiedziała. Wyglądała jak nie ona.

– Mama powtarzała, że nigdy nie będzie matką, żoną i kucharką – mówi mi Krzysztof, syn Violetty Villas. – Bała się ludzkich oczekiwań. Chciała przeżyć życie na swój sposób. Wiedziała, że ma talent. I konsekwentnie dążyła, by być „kimś".

❖

Moje pierwsze wspomnienie? Miałem może cztery i pół roku. Zobaczyłem, jak do domu wchodzi piękna pani z długimi, blond włosami. Wzięła mnie za rękę. Zaprowadziła do pokoju i uklękła przede mną. – Jestem twoją mamą – powiedziała delikatnie. I wręczyła mi drewniany karabin. Mieszkałem wtedy z babcią w Lewinie Kłodzkim. Nie kojarzyłem mamy. I to spotkanie też nie zrobiło na mnie większego wrażenia. Była obcą mi osobą.

Rodzice mamy przyjechali w 1946 roku do Lewina z Belgii. Dziadek Bolesław Cieślak był tam przed wojną górnikiem. Jego zarobki pozwalały, by rodzina prowadziła życie na dobrym poziomie. W Polsce się to zmieniło. Dziadek stracił pracę, w niejasnych okolicznościach trafił do więzienia. Utrzymanie czwórki dzieci spoczęło na babci. W domu było bardzo ciężko. Czasem nie mieli co do garnka włożyć. Mama od początku chciała być artystką. Chodziła do miejscowego ogniska muzycznego. Nauczyła się grać na skrzypcach, puzonie, fortepianie. Mnóstwo wysiłku wkładała w to, by być w muzyce najlepsza. A babci zależało, by mama znalazła dobrego chłopaka i założyła rodzinę. Początkowo wydawało się, że te plany się zrealizują. Chłopak mamy, oficer Wojska Polskiego, szybko się jej oświadczył. Rodzicom udało się ją nakłonić do wyjścia za mąż. Mama mówiła, że był to ślub z przymusu. Miała szesnaście lat i bała się gniewu rodziców. Wkrótce zaszła w ciążę. Gdy miałem pół roku, uciekła do szkoły muzycznej w Szczecinie.

Wiem z opowiadań babci, że zabrała mnie ze sobą. Potem odwiozła z powrotem do domu, bo się rozchorowałem i nie mogła się mną zajmować. Tata walczył, by mama wróciła. Jeździł do niej. A nawet pisał listy do dyrekcji szkoły z prośbą, by ją wyrzucili. Ale nic nie działało. Mamie udało się uzyskać rozwód.

Ludzie nie rozumieli, czego mama tak naprawdę chce. Ma męża, dziecko, to powinna być przy nich, a nie snuć jakieś marzenia o scenie.

Tata przeprowadził się do Wrocławia i przestał utrzymywać ze mną kontakt. Nigdy nie potrafiłem tego zrozumieć.

———— ◆ ————

– Violetta zawsze była inna – mówi Małgorzata, żona Krzysztofa. – To widać nawet na starych fotografiach. Kobiety w Lewinie ubrane w sandały i długie spódnice. A Violetta pasek, dekolt. Ludzie w tych czasach stali na baczność, gdy robiono im zdjęcie. U mamy Krzysia całe ciało grało. Ręka, nóżka w różne strony. Wyróżniała się z tłumu.

KRZYSZTOF:

Mama była najbardziej wolną osobą, jaką znam. Wszyscy chcieli ją sobie podporządkować, zdominować. A ona od początku nie mogła tego zaakceptować. Jedyny mężczyzna, z którym mogłaby stworzyć relację to partner, który traktuje ją na równi, nie jest zazdrosny i wspiera jej talent. I żaden mężczyzna nie potrafił temu sprostać.

Jako dziecko to babcię traktowałem jak mamę. Do niej zwracałem się z młodzieńczymi problemami. Babcia wyglądała bardzo surowo, ale nie znam lepszej osoby.

MAŁGORZATA:

Pierwszy raz, gdy przyjechałam do Lewina z Krzysiem, popatrzyłam na babcię i zastanawiałam się, jak stamtąd uciec! Przestraszyłam się jej. Siedziała z zasępioną miną. Zwracała się tylko do niego. I to tak ostro: „Chłopok, a tyś na długo tu przyjechał?". A do mnie nic, ani słowa. Pomyślałam: „Co to za kobieta?! Taka niesympatyczna. Okropna". A później okazało się, że jest bardzo ciepła. Tylko ta serdeczność nie pokazywała się od razu. Trzeba było odkrywać jej pokłady po kolei. Potrafiła wszystko z siebie dać. Taka Ślązaczka. Była krótkowidzem, więc często mrużyła oczy. Dlatego się tak dziwnie przyglądała. Szkła okularów nosiła grube jak denka od butelek, co potęgowało surowy wygląd. Jestem przekonana, że życzyła Violetcie jak najlepiej. Tylko miała zupełnie inne wyobrażenia o jej szczęściu niż córka.

◆

KRZYSZTOF:

Na początku lat sześćdziesiątych mama zgłaszała się do różnych konkursów muzycznych. Któregoś dnia pan Władysław Szpilman powiedział do niej: „Masz taki głos, że zrobisz karierę, i to na świecie! Nie możesz śpiewać jako Czesława Gospodarek. Tego nikt tam nie wypowie". Wtedy mama wymyśliła pseudonim: Violetta Villas.

W 1960 roku zadebiutowała w Polskim Radiu. Rok później wystąpiła na festiwalu w Sopocie. Zaśpiewała *Dla Ciebie, miły* i *Si senior*. W połowie pierwszej klasy podstawówki przeprowadziłem się do niej. Mieszkała wtedy w Warszawie. Jeździłem z nią na koncerty. Bardzo lubiłem panią Hanię Bielicką, która występowała razem z mamą i zespołem Beltono.

Jeździłem do momentu, aż w Katowicach zdecydowałem się zaśpiewać zza kurtyny. Mama śpiewała na scenie, a ja jeszcze wyżej niż ona. Publiczności się to spodobało. Śmiali się, bili brawo. Ale organizatorzy zabronili mi kolejnych wyjazdów.

Mamie coraz lepiej się układało. W połowie lat sześćdziesiątych jej piosenki: *Przyjdzie na to czas* oraz *Dla Ciebie, mamo* stały się popularne. Występowała w Opolu. Kupiła mieszkanie. Ależ ona była wtedy szczęśliwa! Pięćdziesiąt sześć metrów na Powiślu. Dwa pokoje, przedpokój, łazienka i kuchnia. A zachwycała się, jakby widziała ósmy cud świata. Tańczyła z radości. Dotykała ścian, lodówki. Powtarzała: „Widzisz, wszystko nowe!". Takie zwykłe rzeczy były dla niej najważniejsze. Wtedy nastał najszczęśliwszy okres w jej życiu. Mama uwierzyła, że wszystko jest możliwe.

W 1965 roku pojechała na festiwal w Rennes, gdzie zdobyła Grand Prix International d'Interprétation. Sukces odniosła także na festiwalu w Royan. Zaczęła często występować w Paryżu.

Na prośbę szefa Olympii Bruno Coquatrixa znalazła się wśród artystów rewii Grand Music Hall de Varsovie. Mama śpiewała *Ave Maria no morro*. Podczas jej występu kryształowy żyrandol zawieszony pod sufitem Olympii zaczął drżeć. Część publiczności obawiała się, że spadnie. To właśnie po tym zdarzeniu zaczęto pisać, że mama ma „głos ery atomowej". Ukazało się wówczas wiele recenzji międzynarodowych doceniających jej talent i interpretacje utworów.

MAŁGORZATA:

Violetta dążyła do ideału. W latach jej świetności mówiono, że ma słuch absolutny, niezwykłą wyobraźnię i pragnienie perfekcji. Malowała głosem. Jeśli zaśpiewała piosenkę, którą ktoś wcześniej, nawet bardzo znany, wykonywał, to od tej pory była to już jej piosenka. Nadawała swój bardzo mocny szlif, charakter. Na przykład *My Heart Belongs to Daddy* czy *Habanera*.

KRZYSZTOF:

Traviata śpiewana przez mamę jest zupełnie inna niż w operze. Śpiewa ją, jakby była szczęśliwa. Niektórzy nazywają to manierą, a inni mówią, że wynalazła zupełnie nowy kierunek, styl wykonania operowego.

– Pyta pani, czy babcia zrozumiała wtedy wybór mamy?

MAŁGORZATA:

Według zasad babci Violetta nie ułożyła sobie życia. Dla babci sława czy samodzielność kobiety nie były czymś, co budziło podziw. Ona cierpiała, że córka nie zbudowała rodziny. Według niej brak gniazda to było nieszczęście, które koniec końców doprowadzi do katastrofy.

KRZYSZTOF:

Myślę, że babcia najbardziej przeżywała, że ja nie miałem normalnej rodziny. Wiedziała, że Violetta zawsze na pierwszym miejscu postawi muzykę. Dlatego zależało jej, by miała przynajmniej stałego, opiekuńczego partnera, który byłby dla mnie ojcem. Ale co zrobić, jak mama żadnych partnerów na dłużej nie akceptowała? Była dorosła, sama decydowała o sobie.

MAŁGORZATA:

Violetta miała przede wszystkim cechy gwiazdy. Mężczyzna nie był jej potrzebny na co dzień. Realizowała swoje plany z oszałamiającym efektem. Czy była szczęśliwa? Zawsze jest coś za coś. Może ona nawet chciała mieć kogoś przy sobie. Ale szybko o tym zapominała, gdy przez związek cierpiał śpiew. Mężczyzna zwykle chciał pewnych ram, w których ona by funkcjonowała. Dlatego po pewnym czasie stawał się kłopotem.

KRZYSZTOF:

Mama czuła się najszczęśliwsza, gdy śpiewała na scenie i widziała, że podoba się ludziom. Ale nie można być całe życie na scenie. Każdy musi też wypełniać takie zwykłe, codzienne obowiązki, a ona do nich się po prostu nie nadawała.

MAŁGORZATA:

W życiu Violetty były większe lub mniejsze miłości. Ale tak jak wymyśliła, stworzyła samą siebie, tak samo dążyła do niewyobrażalnego ideału, jeśli chodzi o mężczyznę. Chciała, by miał on cechy partnera gwiazdy. Może dlatego każdym czuła się rozczarowana. Pyta pani, czy chciała mieć perfekcyjne życie? Nie. Bo ona nie była perfekcyjna. Była bałaganiarą. Wszędzie miała porozrzucane rzeczy. Jak gotowała, to zostawał później huragan w kuchni. Mnóstwo garnków, które leżały wiele dni. Violetta chciała, by było idealnie tylko w dwóch sferach – na scenie i w związku. A poza tym nie była niczym skrępowana. Jak chciała spać, to spała, jak gotować, to przez kilka dni gotowała. Z taką pasją jakby nic nie istniało na świecie. Ale broń Boże, żeby miała coś z obowiązku codziennie ugotować. Wszystko było pasją albo nie było wcale.

KRZYSZTOF:

Moja żona nie znosiła flaków. Czuła do nich obrzydzenie. Mama postanowiła, że nie może tak być, by jej synowa

16

nie jadła tego dania. Cały dzień gotowała najlepsze flaki. Wieczorem namawiała Małgosię: „Spróbuj, ale tylko spróbuj". Jak spróbowała, to od tej pory je flaki.

MAŁGORZATA:

Faktycznie takich flaków to już chyba nikt nie robi. Jak Violetta się do czegoś brała, to z całym sercem.

KRZYSZTOF:

Czy ludzie zazdrościli mamie? Tak. Zdecydowanie. Talentu, urody.

MAŁGORZATA:

Zazdrościli jej też indywidualności i tego, że miała taki mocny charakter. Zawsze mówiła. „Najważniejsza jest osobowość!". Cały czas starała się robić wrażenie. Tak się ubierać, uśmiechać, zachowywać, by skupiać wzrok. Zarówno mężczyzn, jak i kobiet. Była tak naturalna, spontaniczna, czarująca. Kochała jeść. Jak zatracała się w jedzeniu, to ludzie patrzyli na nią i prawie im ślina leciała. W tym sensie, że to musi być wspaniałe danie, skoro komuś tak smakuje. Potrafiła tym swoim zaangażowaniem, radością z drobnych rzeczy oczarować ludzi. Jak byliśmy razem na przyjęciach, to Violetta zawsze brylowała. A wokół zapatrzona w nią grupka osób. Zainteresowani wszystkim, co mówi. Gdzieś z dala zwykle jakaś zawistna osoba, która nie mogła tego znieść. Bo mężczyźni na tle mamy Krzysia wariowali. Tracili rozum. Gotowi byli zrobić dla niej wszystko.

◆

– Pyta pani, co takiego w sobie miała?

Seksapil wrodzony, autentyczność, magnetyzm, kobiecość. Zawsze na luzie. Obojętne, czy to był prezydent, boss mafii, miliarder. Wszystkich traktowała tak samo. Często dotykała kogoś podczas rozmowy i rzucała kilka słów: „O, jaki ładny ma pan krawat" albo: „Piękne spinki od mankietu, gustowne". Od tego się zaczynało. Albo: „O, jaki ty jesteś łysy". I delikatnie głaskała po głowie. Nawet kobiety się w niej zakochiwały. Ona działała na wszystkich. Ludzi najbardziej pociągało to, że była całkowicie wolna.

KRZYSZTOF:

Mama nie potrafiła usiedzieć na miejscu. Nie pozwalała na chwilę ciszy, gdzie nie wiadomo, co powiedzieć, jak się zachować. Przy niej cały czas coś się działo. Wszyscy musieli się do tego dostosować.

MAŁGORZATA:

Violetta porywała jak nurt rzeki i trzeba było mu się poddać lub próbować uciec.

KRZYSZTOF:

Każdy mężczyzna, po jakimś czasie, chciał mamę ograniczyć. Może dlatego najlepiej czuła się wśród przyjaciół gejów. Nawet jak był to zupełnie nowy znajomy, zachowywała się, jakby znali się ze dwadzieścia lat. Czuła się bezpieczna. Wiedziała, że nic jej nie grozi, więc mogła z nim żartować, śmiać się, nawet spoufalić. Rozmawiali o biżuterii, butach, koronkach. Miłość dwóch mężczyzn była wtedy tematem tabu. Wielokrotnie widziałem, jak mama mocno reagowała, gdy ktoś się naśmiewał czy powiedział coś złego na ten temat. „Coś ci się nie podoba!?" – krzyczała głośno, tak by takiemu człowiekowi narobić obciachu. Nie znosiła ludzi nietolerancyjnych, wywyższających się. Ona nigdy nie oceniała innych.

Jej przyjacielem był Mieczysław Gajda. Ciepły, wrażliwy, pięknie prezentował artystów przed ich wyjściem na scenę. Gdy miał problemy z pracą, jako pierwsza podała mu rękę. Od razu wzięła go na tournée, by ją zapowiadał. Pamiętam, jak siedział w swetrze i długim czerwonym szaliku wpatrzony w mamę.

◆

W 1967 roku przyjechałem do mamy do Las Vegas. Koncertowała tam już od roku. Miałem wówczas dwanaście lat i najbardziej przeżywałem, że na lotnisku w Nowym Jorku celnicy zabrali mi kiełbasę wiejską. Chciałem zobaczyć, jak mama ucieszy się na jej widok. Gdy przyjechałem do Las Vegas, mama akurat występowała. Nie mogłem uwierzyć w to, co widzę. Wyglądała zjawiskowo pięknie. Nie wiedziałem wtedy, że jej osobistym stylistą był projektant domu mody Dior, buty i biżuterię przygotowali specjalnie dla niej włoscy projektanci. Nawet dla dziecka różnica w stylu była widoczna. Nie mogłem oderwać od mamy oczu. Patrzyłem na nią i rozpierała mnie duma. Ale w głowie cały czas miałem: „Dlaczego zabrali mi tę kiełbasę!". Jak tylko weszła, to zacząłem mówić: „Mamusiu, miałem dla Ciebie wiejską kiełbasę i celnicy zabrali. I wiesz co?! Czekałem później, aż sprawdzą, czy jestem szczepiony, i przez szybę zobaczyłem, jak oni ją jedzą! Udało mi się przywieźć tylko chleb". Mama się śmiała. Uściskała mnie. I rzuciła się na chleb. Jadła, aż jej się uszy trzęsły. Cały czas przy tym mówiła.

Tam nikt nas nie rozpoznawał. W Polsce nawet nauczyciele mówili na mnie: „syn Violetty Villas". W Stanach chodziliśmy z mamą od baru do baru. Dla siebie zamawiała fantę, a dla mnie colę i frytki. Graliśmy na automatach i bardzo dużo się śmialiśmy. Mama miała takie fajne poczucie humoru. Lubiła mi dogryzać, to znaczy tak się droczyć.

Miała tam partnera. Bardzo zamożnego i wpływowego. Dzięki niemu mogłem wchodzić do kasyn, do których wstęp mają tylko osoby po dwudziestym pierwszym roku życia. Grałem na maszynach. Ochroniarze i policja, którzy zwykle usuwali niepełnoletnich, gdy widzieli mnie, odwracali wzrok. Raz konkurencja zobaczyła, jak z balkonu oglądam przez lornetkę tzw. girlsy, czyli półnagie tancerki. Zadzwonili po policję. Mało kasyna wtedy nie zamknęli. A mnie nikt nawet nie zwrócił uwagi.

Partner mamy obiecywał, że da jej wszystko, czego zapragnie. Miał kontakty, mógłby jej bardzo pomóc. Ale zaczął nalegać na ślub. Był coraz bardziej zazdrosny. Kolejny raz odeszła.

◆

Mama powiedziała, że w Las Vegas liczy się tylko zabawa, a nie o to chodzi w życiu. W 1972 roku wróciła do Polski.

Była jak naiwne dziecko. Chciała swojej publiczności w ojczyźnie sprawić przyjemność, pokazać, czego nauczyła się w Stanach. Myślała, że zorganizuje rewie, wynajmie najlepszych tancerzy. Miała wielkie plany. Zupełnie nie zdawała sobie sprawy z klimatu politycznego, jaki wówczas panował.

Te Stany, ta Ameryka były przedstawiane jako siedlisko zła. Mówiono, że ludzie są tam wykorzystywani, a robotnicy bici i szantażowani. Według komunistów uczciwy człowiek w Stanach nie mógł do niczego dojść. I nagle do Polski wraca Villas. Z zachwytem opowiada o koncertach w Vegas. Ma pieniądze. Kupuje dom. Wszyscy widzą, jak jeździ białym mercedesem. Chodzi w futrach. To zupełnie nie pasowało do wizerunku Ameryki, który był przedstawiany propagandowo.

Zaczęto z niej szydzić. W recenzjach pisano, że kreuje się na Amerykankę i że zapomniała, jak wysławiać się po polsku. Mówiono, że nie ma: urody, rozumu, stylu. Pisano: wieśniaczka, która liznęła trochę świata, garkotłuk, bezguście. Nie potrafiono odmówić jej tylko jednego: głosu.

◆

Mamę zaczęli nachodzić ubecy. Myślę, że to był początek jej depresji. Śledzenie, dręczenie nie wpływa dobrze na psychikę człowieka. Na początku widziałem, że jest w ogromnym stresie. Zaczęła nadużywać różnego rodzaju leków uspokajających i alkoholu. Pyta pani, czy w 1968 roku mama podpisała zobowiązanie o współpracy? Nie mam pewności, że to jej podpis. Chcę zaznaczyć, że mama pragnęła trzymać się jak najdalej od polityki.

Jej utwory przestały być grane. Myślała, że wszystko przez to, że nie współpracuje ze służbami tak, jak oni chcą. Ale pewnie chodziło o to, że zwyczajnie kojarzyła się z sukcesem w Stanach. Czyli nie wpisywała się w wizerunek „gwiazd socjalistycznych" w Polsce. Dla mamy brak jej utworów w telewizji i w radiu to było tak, jakby przestała istnieć jako człowiek.

◆

MAŁGORZATA:

Mama Krzysia była stworzona, by śpiewać. I przy tym nie miała partnera, który by ją chronił. Może to jej wina, że nie miała, ale to nie zmienia faktu, że nie mogła na nikogo liczyć. Bo jednak inna jest relacja ze starzejącą się mamą czy z dzieckiem, które powinna wspierać, a inna z mężczyzną, na którym można polegać. Krzysiek był jeszcze za mały. Została sama. Zaczęły się stany depresyjne. To bardzo źle wpływało na Krzysia.

KRZYSZTOF:

Ten wiecznie dzwoniący telefon u niej w domu. Mama cały czas powtarzała: „Nie odbieraj, nie odbieraj!". A potem krzyczała do słuchawki, wściekła: „Halo, ty ubeku, ty szpiclu!".

Raz wróciłem do domu i zastałem mamę, jak wyrywała kable i szukała czegoś we wtyczkach. „Co ty robisz?!" – spytałem zdenerwowany. „Cii… Podsłuchują nas" – powiedziała. Wyglądała jak nie ona.

◆

Mama kochała horrory. Często oglądała je z naszym synem. Miał wtedy jakieś sześć lat. Czasem usypiał na podłodze obok niej. Mama oglądała jeszcze do drugiej, trzeciej w nocy. Zabroniła mu do siebie mówić „babciu". Jak wracał, opowiadał: „Oglądałem taki straszny film z Violettą i nagle lustro pękło!".

Próbowała się zmienić, zerwać z nałogiem. Nie potrafiła. Zaczęła wówczas czytać Biblię. Mówiła, że Bóg pomoże jej się zmienić.

Prosiłem mamę, by leczyła się u profesjonalistów. Przychodzę do niej na oddział w szpitalu psychiatrycznym, a mama chwyta mnie za rękaw i mówi: „Tutaj drzewa za oknami powycinali, żeby ludzie do mnie nie przychodzili".

Pobiegłem do ordynator. Mówię: „Mamie się pogorszyło. Myśli, że ludzie wchodzą na drzewa, by być bliżej niej". Ordynator popatrzyła na mnie zdziwiona: „Ale to akurat prawda. Musieliśmy wyciąć drzewa, bo codziennie paparazzi się wspinali, by zrobić zdjęcia Violetcie Villas".

Jak bliski człowiek jest chory, to zatraca się różnica między prawdą a iluzją. Już nie wiemy, w co wierzyć. To jest ogromnie trudne doświadczenie.

Chciała opuścić szpital. Pani doktor tłumaczyła, że nie mogę jej zmuszać do leczenia, bo stanę się jej największym wrogiem. I rzeczywiście, jak przyszedłem kolejny raz, mama przekazała lekarzom, że nie chce mnie widzieć.

◆

Violetta Villas zmarła w grudniu 2011 roku w Lewinie Kłodzkim w samotności.

Ksiądz pedofil
odprawia dalej

◆ Tata bił mamę tak, że krew tryskała po ścianach. W szóstej klasie ksiądz zauważył, że płakałam. Powiedział rodzicom, że lepiej będzie mi w szkole z internatem w innym województwie. Zgodzili się – byli źli, że chowam im butclki z wódką. Zapisał mnie do gimnazjum salezjańskiego w Szczecinie. Ale nie było internatu, tylko puste mieszkanie jego matki.

◆ „Jadę. Mam mszę wieczorną w Stargardzie" – rzucił po gwałcie.

◆ Jak skazany za kilkadziesiąt przestępstw seksualnych ksiądz, zaczął odprawiać msze w Puszczykowie koło Poznania?

Minęło dziesięć lat, a ja nadal nie mogę zasnąć przy zgaszonym świetle. Koszmary wracają. Pamiętam, jak wysłał mi kartkę: „Gorące pozdrowienia dla mojej Kasi, za którą często się modlę!". Miałam dwanaście lat. Kilka miesięcy później wywiózł mnie daleko od rodziców i zgwałcił po raz pierwszy.

Zaufaj, nie skrzywdzę cię

Z domu rodzinnego zapamiętała przerażający chłód. Rodzice nigdy jej nie przytulili, nie mówili, że kochają. Nie miała koleżanek. Bała się je zaprosić do domu. Jej ówczesny kolega z klasy napisał potem na forum internetowym: „Kasia była taka ładna i potulna. Słuchała się nauczycieli".

Kasia opowiada mi o sobie

Tata bił mamę tak, że krew tryskała po ścianach. Mama często leżała na podłodze, zakrwawiona, w podartych ubraniach. Starałam się ich pilnować. Gdy mama chciała się powiesić, śledziłam każdy jej ruch. Czasem rodzice tak się upijali, że zapominali otworzyć mi drzwi. Musiałam spać na zewnątrz. Nie robili tego specjalnie.

Po alkoholu nie panowali nad swoim zachowaniem. Za każdym razem jak wracałam autobusem do domu, z nerwów bolał mnie brzuch. Liczyłam drzewa wzdłuż drogi – sto jeden, sto dwa, sto trzy – by choć na chwilę przestać myśleć.

Któregoś dnia, byłam wtedy w szóstej klasie podstawówki, ksiądz uczący nas religii zauważył, że płakałam. Kazał mi zostać po lekcji. Nie chciałam mówić mu o problemach. Miałam zasadę: nie zwierzam się nauczycielom. Później jeszcze kilka razy zatrzymywał mnie na korytarzu i nalegał na rozmowę. Odmawiałam. Chciałam, by przestał mnie wypytywać. Po kilku tygodniach podszedł i łagodnym głosem powiedział: „Zaufaj mi, chcę ci pomóc, jestem księdzem, nic skrzywdzę cię". Wcześniej nikt tak do mnie nie mówił. Po paru miesiącach przyjechał do moich rodziców. Tłumaczył, że chce ich wesprzeć. Mówił, że lepiej będzie mi w szkole z internatem w innym województwie. Wyjaśnił, że tam będę miała najlepsze warunki do edukacji. Rodzice zgodzili się bez wahania. W tym czasie byli na mnie źli, że chowam im butelki z wódką.

Mam mszę wieczorną
w Stargardzie

– To nie była szkoła z internatem, tylko puste mieszkanie jego matki, która wyjechała za granicę. Zapisał
mnie do gimnazjum salezjańskiego przy ulicy Witkie-
wicza w Szczecinie. Mówił, że pedagog z tej szkoły to
najlepsza przyjaciółka jego mamy.

To była szkoła dla zamożnych dzieci z dobrych
rodzin. Trzeba było mieć wysoką średnią – nawet 5,0 –
i pieniądze na czesne. A ja miałam raczej słabe oceny.
Ale ksiądz dyrektor po rozmowie z księdzem Romanem
przyjął mnie poza rekrutacją w środku roku szkolnego.

Ksiądz Roman kazał mi w szkole z nikim nie rozmawiać i od razu po lekcjach wracać do tego mieszkania.
I tak nikt tam ze mną nie chciał rozmawiać. We wszystkim różniłam się od dzieci z bogatych rodzin w Szczecinie. Na lekcjach niewiele rozumiałam, bo poziom był
dla mnie za wysoki. Czułam się gorsza.

Raz wróciłam trochę później po szkole. Ksiądz szarp-
nął mnie tak mocno, że skręcił mi rękę. Musieli założyć

mi szynę. Kazał powiedzieć w szpitalu, że spadłam ze schodów. Stał i pilnował, co mówię lekarzowi.

Któregoś dnia powiedział: „Nawet nie wiesz, jak o tym marzyłem".

„O czym, proszę księdza?" – zapytałam.

„Zaraz zobaczysz, moje słoneczko".

Zasunął zasłony, mocno chwycił mnie za ręce. „Nie krzycz, bo wtedy będzie bolało bardziej" – powtarzał. Zaczął zdzierać ze mnie ubranie. To taki strach, że nie możesz oddychać. Był silny, ważył sto kilogramów. Krzyczałam, błagałam, by przestał. Gdy skończył, owinęłam się w koc, położyłam przy ścianie i płakałam. „Jadę. Mam mszę wieczorną w Stargardzie" – rzucił. Kazał mi wziąć jakieś dziwne tabletki. Otworzył usta i sprawdził, czy na pewno je połknęłam. Krew spływała mi po nogach. Weszłam do wanny. Zaczęłam spłukiwać krew, ale było jej więcej i więcej. Miałam rozciętą wargę, na udach siniaki. Zaczęłam powtarzać: „Mamusiu, gdzie jesteś? Pomóż mi". W tej chwili oddałabym wszystko, aby była przy mnie. Kilka godzin siedziałam w wodzie.

W kolejnych dniach powtarzał, że jak wygadam się nauczycielom, to się dowie, bo u salezjanów zna wszystkich. I zapłaci moim koleżankom, by powiedziały, że sama tego chciałam. Zaczął mnie bić, poniżać, groził, że mnie zabije.

Przychodził, kiedy chciał. Zaczął zmuszać mnie do brania leków. Nie podawał ich nazwy. Ale działały jak psychotropy. Byłam otępiała, senna. Miałam zaburzenia równowagi. Pamiętam, że zaczął powtarzać: „Mama i tata już cię nie chcą. Oni cię nienawidzą. Nie masz w życiu nikogo oprócz mnie".

W sylwestra przyjechał z wódką. Pozasłaniał okna. Pił i powtarzał, że to będzie mój najlepszy sylwester w życiu. Gwałcił mnie przez całą noc.

Wtedy zaczęłam się ciąć. Cały czas nasłuchiwałam, czy on nie wchodzi. Krzywdził mnie nawet kilka razy jednej nocy. Miał taki obrzydliwy zapach potu. Powtarzałam, że nie chcę, ale on robił to jeszcze mocniej. Czasem w trakcie krzyczał: „I Bóg cię przestał kochać!". Gdy bardzo się wyrywałam, głodził mnie przez kilka dni.

Znajdę cię i zabiję

– Często zabierał mnie na plebanię w Stargardzie. Jedliśmy obiad ze wszystkimi księżmi, a potem brał mnie do swojego pokoju. Nie rozumiem, dlaczego nikt nie reagował. Ja byłam bardzo drobną dziewczynką, wszyscy widzieli, jaka jest między nami różnica wieku, a księża się nie dziwili, że śpię u niego. Jak chciałam skoczyć z okna z ósmego piętra, to powiedział, że opętał mnie szatan. Zabrał mnie do znajomego egzorcysty w Szczecinie i nawet tam poprosił o wspólny pokój na noc.

Któregoś dnia rzucił: „Mała, przytyłaś ostatnio i wymiotujesz". Zrobił mi test ciążowy. Krzyczał: „Nie chcę mieć bachora". Potem zabrał do znajomej ginekolog. Zabili moje dziecko. Długo później krwawiłam, bardzo mnie bolało. Po kilku miesiącach przestałam chodzić do szkoły, miałam lęki, myśli samobójcze. Chyba ktoś zwrócił uwagę na moją nieobecność, bo ksiądz zaczął mnie zmuszać, bym chodziła. Załatwił lekcje matematyki z jego znajomą pedagog. Ona wyglądała na bardzo dobrą osobę. Zaczęła dopytywać, dlaczego jestem smutna. Powiedziałam jej o wszystkim. Od razu zobaczyłam, że nie jest pewna, czy mówię prawdę. Pytała: „Czy to nie był sen?". A później powiedziała księdzu o naszej rozmowie. Przyszedł do domu i zaczął krzyczeć, że szargam jego opinię. „Ty sobie nie wyobrażasz, ilu ludzi w tym mieście mnie ceni, podziwia! – krzyczał. – Jak ludzie cię szanują, to nigdy nie uwierzą w takie wymysły dzieciaka. Ale jeszcze raz to zrobisz, to pożałujesz".

Kazał mi jechać z nim do Częstochowy. On często tam bywał, bo prowadził grupy pielgrzymkowe. W kościele, kazał mi iść do konfesjonału. „Chodź, powiesz całą prawdę i zobaczymy, jak Bóg zareaguje" – krzyczał. Opowiedziałam księdzu w konfesjonale wszystko. A on zwyzwał mnie od kurew. Powiedział, że nigdy nie dostanę rozgrzeszenia i mam się wynosić z kościoła. Pamiętam, że był taki zbulwersowany, czerwony. Wybiegłam z płaczem. Ksiądz Roman za mną. Uśmiechał się przez całą drogę powrotną.

Po roku i paru miesiącach zawiózł mnie do domu. Rodzice bardzo dziękowali mu za dotychczasową pomoc i liczyli na więcej. Powtórzył mi jeszcze, że jak cokolwiek ujawnię, to zrobi ze mnie kurwę.

Postanowiłam sobie, że i tak powiem, ale tym razem byłam ostrożniejsza. Wiedziałam, że rodzice mogą mi nie uwierzyć, bo bardzo go cenili. Zwierzyłam się pani pedagog w świetlicy środowiskowej. Bałam się, że jak powiem, kim on jest, to ona mi nie uwierzy. Więc powiedziałam, że zgwałcił mnie chłopak. A gdy stwierdziła, że rzeczywiście mam objawy wykorzystania seksualnego, to dodałam, że tak naprawdę to był mój nauczyciel religii, ksiądz. Od razu zgłosiła sprawę na policję. Powiedziała, że moi rodzice muszą wiedzieć, bo będę potrzebowała bardzo dużo wsparcia psychicznego podczas śledztwa i procesu. Zawiadomiła Powiatowe Centrum Pomocy Rodzinie i stamtąd przyszła pani, która miała wyjaśnić wszystko rodzicom. Mama uderzyła mnie wtedy w twarz. Krzyczała, że to nieprawda. Później ta pani długo z nimi rozmawiała. Po tej rozmowie zabrano mnie z domu i umieszczono w sierocińcu.

Z księdzem spotkałam się w czasie procesu. Przypomniałam sobie, jak wcześniej mówił: „Jeśli mnie kiedyś za to wsadzą, to po wyjściu na wolność nie będę miał nic do stracenia. Znajdę cię i zabiję".

Niewolnica księdza

Gdy prokuratura wszczęła śledztwo przeciwko księdzu, w ogłoszeniach duszpasterskich parafii św. Józefa w Stargardzie Szczecińskim zapowiedziano: „Decyzją władz Towarzystwa Chrystusowego księdza Romana przeniesiono do pracy w Wielkiej Brytanii. Pożegnanie odbędzie się w czwartek o 19.15. Pragniemy podziękować Bogu za wspólny czas".

Ksiądz został aresztowany, zanim wyjechał do Anglii, w czerwcu 2008 roku. Miał wtedy trzydzieści dwa lata. W jego laptopie znaleziono treści pedofilskie i korespondencję z innymi dziećmi.

Podczas rozprawy ksiądz Roman B. przyznał się do zarzucanych mu czynów.

Wyjaśniał sędziemu:

– Nie wiem, jak do tego doszło, że dziecko trzymałem u siebie na plebanii i też jeździłem z nią do Lichenia czy Łagiewnik. Po prostu nikogo to nie interesowało.

Ojciec Kasi w sądzie:

– Jak dzwoniłem do córki, to miałem wrażenie, że ona jest na jakichś lekach, jakaś zamroczona. Ksiądz

Roman był tajemniczy. Nie chciał dużo rozmawiać, gdy pytałem o córkę. Później zablokował jej telefon. Nigdy nie zdawałem sobie sprawy, że on ją krzywdzi. Zwiodło mnie, że to ksiądz.

Sędzia, ówczesny prezes Sądu Rejonowego w Stargardzie, Mariusz Jasion w lutym 2009 roku skazał księdza Romana na osiem lat bezwzględnego więzienia. Podczas ogłaszania wyroku mówił: „Ksiądz Roman traktował dziewczynkę jak niewolnicę, jak rzecz. Zaplanował swoje działania. Stopniowo izolował dziecko od rodziny oraz przyjaciół. Założył jej w telefonie GPS, aby sprawdzać, gdzie się znajduje. Kontrolował jej billingi w telefonie komórkowym. Cynicznie wykorzystał jej sytuację psychiczną oraz finansową. Prawdopodobnie skutki Kasia będzie odczuwała przez całe życie. O wysokiej demoralizacji księdza Romana może także świadczyć treść rozmów na Gadu-Gadu. Wynika z nich, że z innymi dziewczętami także utrzymywał kontakty zbyt zażyłe jak na kapłana katolickiego i opiekuna młodzieży. Używał też wulgaryzmów, opisując przełożonych, na przykład o proboszczu swojej parafii pisał „ten fiut".

Ksiądz Roman miał przebywać w więzieniu do 2016 roku. Następnie mógłby zostać poddany tzw. ustawie o bestiach, stworzonej dla osób, które zagrażają życiu lub wolności seksualnej innych. Jeśli według psychiatrów nadal zagrażałby dzieciom, umieszczono by go w zamkniętym ośrodku w Gostyninie.

Wróć do księdza, on cię kocha

Na forum stargard.naszemiasto.pl znajduję list parafianki ze Stargardu: „Tyle teraz się słyszy o pedofilii, że pomyślałam o sprawie księdza Romana. Na początku dostał zakaz wykonywania zawodu i został usunięty z kapłaństwa. Potem osiem lat więzienia. A teraz jest księdzem w Puszczykowie. Szaleństwo! Dlaczego najpierw coś ustalają, a potem zamykają ludziom usta? Ksiądz Roman działa też w internecie, prowadzi profil na Facebooku jako Roman Bee (czyli pszczółka). Uczył moją córkę, moją siostrzenicę i wiem od nich, że ma kontakt z młodzieżą. Dlaczego nie siedzi w więzieniu? Przecież nie poszedł tam za skradziony cukierek w sklepie!".

Sprawdzam: Roman B. rzeczywiście jest księdzem w Puszczykowie koło Poznania.

Pytam w sądzie w Stargardzie, dlaczego ksiądz tak wcześnie wyszedł z więzienia. Dowiaduję się, że od wyroku sędziego Jasiona apelację złożyli jego adwokaci. Jeden opłacony przez rodzinę, drugi przez zakon Towarzystwa Chrystusowego.

Ksiądz Roman był zakonowi wdzięczny za wsparcie. Przed sądem mówił: „Moje zgromadzenie zakonne mnie wspiera. Nie myślą o wyrzuceniu mnie z zakonu. Regularnie odwiedza mnie w więzieniu przełożony".

Decyzją sądu okręgowego sprawa trafiła do ponownego rozpatrzenia w Sądzie Rejonowym w Stargardzie. Sąd okręgowy podkreślał, że Roman B. przyznał się do kilkudziesięciu przestępstw seksualnych na Kasi, ale zaprzeczał biciu ofiary i zaplanowaniu działań z góry. Zalecał więc: „Przy kolejnym rozpoznaniu niezbędne będzie ponowne niezwykle wnikliwe przesłuchanie Kasi".

Kolejną sprawę poprowadziła sędzia Halina Waluś. Ale nawet nie zobaczyła pokrzywdzonej. Bo Kasia przebywała w czasie powtórnego procesu w szpitalu psychiatrycznym.

W sierocińcu stan zdrowia dziewczynki gwałtownie się pogorszył. W dokumentacji domu dziecka zapisano: „Gdy tylko zaśnie, zaczyna się rzucać. Powtarza przez sen: «to boli». Nieustannie płacze".

Wpływ na stan Kasi mogło mieć także zachowanie jednej z opiekunek. Dyrektor placówki Zdzisław Wudarczyk mówił w sądzie:

– Jedna z naszych wychowawczyń, pani Aneta, w dziwny sposób interesuje się sprawą Kasi. Ciągle chce rozmawiać na temat molestowania i wykorzystuje tę wiedzę, by dręczyć dziewczynkę. Namawia Kasię, aby wróciła do księdza, bo ksiądz ją kocha. Sugeruje jej wycofanie zarzutów. Padło nawet stwierdzenie, że „ksiądz może kogoś na nią nasłać".

Dyrektor Wudarczyk zawiadomił nawet Prokuraturę Rejonową w Pyrzycach o możliwości popełnienia przestępstwa. Dziś mówi mi:

– Prokurator wszczął śledztwo, ale umorzył je z braku dowodów. Pani Aneta jest teraz wychowawcą w Domu Dziecka w Pyrzycach.

– Bo w polskim wymiarze sprawiedliwości dziecko to nie jest „dobry" świadek – komentuje biegła sądowa, która prosi o anonimowość. – Najlepszy świadek to wykształcony mężczyzna po czterdziestce. Dziecku z założenia nikt nie wierzy. Nie wystarczy, że Kasia nie miała tendencji do konfabulacji, musiałaby chyba nagrać rozmowę z panią Anetą dyktafonem, żeby uznano to za dowód. Na szczęście w sprawie księdza znaleziono treści pedofilskie w jego telefonie i laptopie. Gdyby zdążył się ich pozbyć, możliwe, że nigdy nie trafiłby do więzienia. On miał rację, gdy mówił, że dziecku nikt nie uwierzy.

W lutym 2009 roku Kasia podjęła próbę samobójczą. Na pół roku trafia do szpitala psychiatrycznego. Docieram do dokumentacji szpitalnej. Lekarze tak opisują jej stan: „Uczestnictwo w rozprawie oraz spotkanie sprawcy nasiliły tendencje samobójcze, liczne samookaleczenia wymagające interwencji chirurgicznych, koszmary nocne, natrętne wspomnienia. Pacjentka wymaga hospitalizacji psychiatrycznej. W szpitalu wykazuje silny lęk, niepokój. Dziewczynka czuje, że nie zasługuje na życie. Boi się spotkań z duchownymi. Czuje strach przed uczestnictwem w mszach świętych".

Ofiara w szpitalu,
sędzia zmniejsza karę

W opinii dla prokuratora biegły psycholog potwierdził wiarygodność zeznań dziewczynki i brak skłonności do konfabulacji. Jednak inny biegły sądowy stwierdził, że ksiądz Roman miał ograniczoną zdolność panowania nad swoim zachowaniem ze względu na „osobowość nieprawidłową z tendencjami pedofilnymi". Z nieznanych powodów przy ponownym rozpoznaniu sędzia Halina Waluś znacząco obniża karę. Ksiądz Roman ma spędzić cztery i pół roku poddany leczeniu psychiatrycznemu na oddziale szpitalnym w zakładzie karnym. Sędzia przyznaje w uzasadnieniu, że nigdy nie widziała pokrzywdzonej.

Ale adwokaci księdza odwołują się także od zmniejszonego wyroku.

W 2010 roku sędzia Andrzej Wiśniewski z Sądu Apelacyjnego w Szczecinie kolejny raz łagodzi wyrok. Usuwa zapis, że ksiądz dokonał przestępstwa „przez nadużycie zaufania wynikającego z pełnionej funkcji kapłana katolickiego". Kara zostaje zmniejszona o pół roku.

Inne spojrzenie na szkodliwość

Rzecznik Sądu Okręgowego w Szczecinie Michał Tomala podkreśla, że wszyscy sędziowie w pełni uwierzyli w relację dziecka. – Po prostu inaczej ocenili szkodliwość popełnionego czynu – mówi.

Ksiądz Roman B. wyszedł na wolność w czerwcu 2012 roku.

Zapytałam sędzię Halinę Waluś, czy gdyby sądziła gwałciciela swojej córki, to za kilkadziesiąt przestępstw seksualnych popełnionych na niej otrzymałby taki sam wyrok.

– Pani chyba nie myśli, że będę się teraz tłumaczyć oburza się sędzia Waluś i kończy rozmowę.

Pytam rzecznika, dlaczego ksiądz miał dwóch tak znakomitych adwokatów, a poszkodowana nawet jednego pełnomocnika. Czemu nikt nie reprezentował jej w sądzie?

– Nie wiem, czy adwokaci oskarżonego byli „znakomici" – odpowiada rzecznik. – Rodzice pokrzywdzonej nie wnosili o ustanowienie pełnomocnika z urzędu dla swojej córki. Przecież sprawa nie była dowodowo trudna, skoro oskarżony przyznał się do popełnienia przestępstwa.

Tłumaczę:

– Powiedziałam „znakomici", bo chyba tylko wybitni prawnicy potrafią spowodować, że sędzia usuwa z wyroku słowa o „nadużyciu zaufania", skoro ksiądz był nauczycielem religii tej dziewczynki i wysyłał jej kartki o treści: „Modlę się za ciebie, moja Kasiu".

Rzecznik:

– Żaden z sędziów nie kwestionował zarzutów. Wszyscy uwierzyli dziewczynce. Mieli po prostu inne spojrzenie na szkodliwość przestępstwa.

Pytam sędziego Andrzeja Wiśniewskiego z Sądu Apelacyjnego w Szczecinie, dlaczego uznał, że Roman B. nie nadużył zaufania do stanowiska księdza, i wykreślił te słowa z sentencji wyroku. Sędzia Wiśniewski odmawia komentarza.

Prokurator z innego województwa mówi mi anonimowo:

– Nie rozumiem opinii biegłych. W jaki sposób miał ograniczoną zdolność panowania nad swoimi czynami przez zaburzenia pedofilne? Czy wszyscy pedofile i gwałciciele będą traktowani łagodniej, bo mają zaburzenia seksualne? Absurd!

Niepotrzebnie robi pani zamieszanie

– Skoro po wyjściu na wolność Roman B. został w zakonie, to znaczy, że zgodził się na to sąd kościelny – tłumaczy mi znajomy ksiądz. – Spytaj władze zakonu, czy możesz przeczytać ten kościelny wyrok.

Pytam rektora Towarzystwa Chrystusowego księdza Andrzeja Łysego, jaka była decyzja sądu kościelnego wobec księdza Romana B.

– To są jakieś insynuacje – mówi.

– Ale co jest insynuacją?

– Niepotrzebnie robi pani zamieszanie.

– Chcę tylko zrozumieć, dlaczego ksiądz skazany za przestępstwa seksualne nadal jest w zakonie. Odprawia msze. Pełni funkcję zaufania publicznego. Przecież adwokat po takich czynach już nigdy nie mógłby wrócić do zawodu.

– Tego nie wiem. Nasz rzecznik pani wyjaśni.

Rzecznik prasowy Towarzystwa Chrystusowego ksiądz Jan Hadalski odmawia mi komentarza i rozłącza się. Pytam więc w Metropolitalnym Sądzie Duchownym w Poznaniu, jaki był wyrok kościelny w sprawie księdza Romana.

– A jaki jest cel tego artykułu? – pyta ksiądz z sądu.

– Sprawdzenie, w jaki sposób Roman B. w tak krótkim czasie zdołał odzyskać swoją pozycję społeczną i czy nie będzie próbował jej wykorzystać, by krzywdzić kolejne dzieci.

– My tu nie jesteśmy od pomagania dziennikarzom.

– A czy mogę prosić o nazwisko księdza?

– Ja nie prowadziłem tej sprawy.

– A kto ją prowadził?

– W sądzie duchownym, w przeciwieństwie do karnego, nie musimy informować o naszych ustaleniach.

– W sprawach karnych wzywa się na świadka poszkodowaną. A na czym polega sąd kościelny? Czy tylko oprawca przedstawia swoją wersję wydarzeń? Czy tylko on wybiera świadków?

Ksiądz odkłada słuchawkę.

Arcybiskup Stanisław Gądecki z archidiecezji poznańskiej zastanawia się, czy zgodzić się na rozmowę ze mną. Jego sekretarz, ksiądz dr Jan Frąckowiak nie bardzo rozumie, dlaczego chcę rozmawiać o tej sprawie z arcybiskupem. – Bo on ma realny wpływ na sytuację – wyjaśniam. – Gdy pisałam o molestowaniu żołnierzy w polskiej armii, to reportaż komentował minister obrony narodowej – dodaję.

Ten argument chyba działa, bo sekretarz mówi, że wspólnie z arcybiskupem Gądeckim przemyślą sprawę. Po kilku dniach oddzwania, że arcybiskup nie ma nic przeciwko rozmowie, ale nie chce rozmawiać na tematy pedofilii.

Znajomy ksiądz radzi: „Jedź do byłej parafii księdza Romana. Tam zwykli księża na pewno cię przyjmą. Bo nie czują się lepsi od ciebie”.

Taka głupia młodość

Przyjeżdżam do parafii św. Józefa w Stargardzie. Wyjaśniam księżom, że chciałabym dowiedzieć się czegoś o ich współbracie, księdzu Romanie. Rzeczywiście przyjmują mnie bardzo życzliwie. Wołają księdza Józefa, który jest w tej parafii od kilkunastu lat i znał księdza Romana.

– Dla nas to nie jest chwała, że on został w zakonie – mówi ze smutkiem ksiądz.

– Jaki on był?

– Inteligentny, ale też taki normalny, ludzki. Nie wywyższał się. Tu nikt niczego niepokojącego nie zauważył. Teraz na jego temat się nie rozmawia. Czasem bywam w naszym domu zakonnym w Puszczykowie. Tam jest około trzydziestu księży. Na niego się nie natknąłem. Ale nawet tam nikt o nim nie chce mówić.

– A w jaki sposób on tłumaczył swoje zachowanie współbraciom?

– Z tego, co wiem, mówił, że chciał pomóc biednej dziewczynce. Załatwił jej mieszkanie. A potem ona poskarżyła się nauczycielce, że ją przytula. I chyba on rzeczywiście ją przytulał czy dotykał, bo został skazany. A akta sądowe to już są tajne.

– A czy księża się nie obawiają, że on dalej będzie zagrażał dzieciom?

– Myślę, że przełożeni sobie wzięli dużo pracy na głowę. Muszą go teraz pilnować. Ale może lepiej, że ktoś go pilnuje. W zakonie na pewno jest bezpieczniej, niż gdyby był sam na parafii.

– Ale założył konto na Facebooku i dodaje do znajomych dzieci.

– Myślę, że to nie jest prawda. Bo reakcja przełożonych byłaby zdecydowana. I przecież on jest po wyroku, więc prokuratura śledziłaby takie wiadomości. Jego na pewno dużo osób kontroluje: przełożeni w zakonie, wymiar sprawiedliwości. Pamiętam, że mówiono o jego zachowaniu: „To taka głupia młodość". Więc przełożeni może myślą, że on nie ma takich skłonności w genach.

Gdyby ksiądz Józef czytał opinię psychologiczną oskarżonego sporządzoną dla sądu, dowiedziałby się, że Roman B. „wykorzystuje fakt, że jest ceniony i lubiany przez ludzi i ma tendencje do manipulowania otoczeniem". Nie wiadomo, czy księża, którzy wydawali wyrok w sądzie kościelnym, mieli obowiązek przeczytać zeznania Kasi. Czy czytali uzasadnienie sądu i opinię, że dziecko sprowadzone zostało przez księdza do roli niewolnika? Czy zdają sobie sprawę, że pedofil po wyjściu na wolność nie jest w żaden sposób kontrolowany przez wymiar sprawiedliwości?

Pytam przypadkowych księży, co myślą o sprawie księdza Romana. Jeden z nich mówi:
– Nikt nie wierzył, że był tak głupi, aby gwałcić tę dziewczynkę. Przecież mógł mieć każdą dziewczynę.

Po co miałby się za dziecko brać? Ludzie mówili: „Jakby już był tym pedofilem, to poszedłby do burdelu w Berlinie, tam można znaleźć nieletnie prostytutki. Nie ryzykowałby uwiedzenia uczennicy. Wiedział, czym to grozi".

Przypomina mi się, co pisał Sándor Márai, że ludźmi rządzi ambicja, próżność, chęć władzy, nieustannie tańczą na głupiej uczcie zmysłów. Mam wrażenie, że całe otoczenie, które mogło zauważyć, co dzieje się z tą dziewczynką, uczestniczy w takim ogłupiającym tańcu. Skoro osoby świeckie, jak nauczycielka, której zwierzyła się dziewczynka, albo pani ginekolog, do której przyszedł ksiądz, także nie zareagowały na niepokojące oznaki.

Pedofil wkłada nam komunię do ust!?

Jadę do Puszczykowa. Starsza pani w pociągu zagaduje mnie o cel wizyty. Pytam, czy wie coś o księdzu Romanie.

– Tutaj nikt o tym nie pisał. Ale to niemożliwe, aby w Puszczykowie pedofila ukryli. Proszę pani, to miasto jest jak podwarszawski Konstancin. Nie mieszkają tu zacofani ludzie, tylko najbogatsi poznaniacy. Nie pozwolą, żeby księża pedofile nam tu msze odprawiali.

O 12.30 idę na mszę świętą do parafii pw. Matki Boskiej Wniebowziętej. Po mszy pytam księdza celebransa o zakon Towarzystwa Chrystusowego. – Mieszkają tu obok, przy ulicy Posadzego. – Pokazuje mi ksiądz. – Młodsi odprawiają msze także u nas. A codziennie o 7.30 rano mają msze dla mieszkańców w swojej kaplicy.

Następnego dnia, chwilę po siódmej, wchodzę do niezwykle pięknej kaplicy zakonu Towarzystwa Chrystusowego. Siadam w ławce. Obok mnie w szarym swetrze klęczy ksiądz Roman B. Cały czas ziewa, przeciera oczy. W kaplicy znajduje się kilkudziesięciu mężczyzn. Jestem jedyną kobietą. O 7.30 ksiądz Roman zakłada albę, staje za ołtarzem i z dwoma księżmi zaczyna odprawiać mszę. Śpiewa najdonośniej w całej kaplicy. Po jego prawej stronie wisi obraz Matki Boskiej Częstochowskiej, po lewej obraz Jezusa Miłosiernego.

Po mszy proszę go o chwilę rozmowy. Jest zdziwiony. Wskazuje mi miejsce przy oknie, tak by nikt nas nie słyszał. Przedstawiam się i pytam, czym zajmuje się w Puszczykowie.

– Odprawiam msze i pomagam współbraciom.

– Jak to się stało, że ksiądz nadal jest księdzem? W Stargardzie ludzie mówili, że księdza usunięto z zakonu.

– To były nieprawdziwe informacje. Po takich sprawach jest sąd kościelny i to on podejmuje decyzję, czy ktoś może zostać.

– A od czego uzależniona jest taka decyzja?

– Od wagi przestępstwa.

– Czyli uznano, że przestępstwo seksualne ma małą wagę?

– Nie chciałbym rozmawiać o wewnętrznych ustaleniach Kościoła, bo to nie jest pani sprawa. Czy są inne pytania?

– Czy ksiądz będzie uczył w szkole?

– To akurat mogę pani obiecać – już nie będę uczył. Zdaję sobie sprawę z tego, że jestem chodzącą bombą zegarową.

– Czy ma ksiądz kontakt z dziećmi?

– Nie. Otrzymałem dużo wsparcia od zakonu. Miałem pomoc psychologiczną.

– Czy ma ksiądz wyrzuty sumienia?

– A kto by nie miał po czymś takim?

– Skoro tak, to może Kasia powinna dostać zadośćuczynienie finansowe od księdza i zakonu, który chronił księdza w sądzie?

– To jest nasza wewnętrzna sprawa. Ja mam prośbę, by nie rozmawiała pani z mieszkańcami Puszczykowa. Wolałbym nie robić afery.

Po wyjściu z kaplicy byłam chyba wyjątkowo zamyślona, bo przewróciłam się przy przejściu przez ulicę. Podbiegło trzech mężczyzn. Pomogli mi usiąść na ławce. Opowiedziałam im, z kim przed chwilą rozmawiałam.

– Niemożliwe! Chce pani powiedzieć, że pedofil wkłada nam komunię do ust!? – Nie mogli uwierzyć.

Brzydzę się mężczyznami

– Cztery razy trafiałam do psychiatryków. Za każdym razem po próbie samobójczej – mówi mi Kasia. Lekarze zdiagnozowali u niej zespół stresu pourazowego oraz zespół depresyjny z objawami psychotycznymi. – W domu dziecka skończyłam tylko gimnazjum. Bo w pierwszej klasie technikum znów podcięłam sobie żyły. Dyrektor powiedziała, że nie powinnam w takim stanie chodzić do szkoły. Gdy wyszłam z psychiatryka, zdecydowałam, że muszę wyprowadzić się od rodziców. Wynajęłam pokój w innym mieście. Dostałam pracę na kasie. Po pracy siedzę u siebie. Nie wychodzę z domu.

Bo ja się już na nic światu nie przydam. Wszystko mi przypomina o przeszłości. Drżę, gdy widzę księdza na ulicy. Brzydzę się mężczyznami. Gdy któryś się do mnie uśmiechnie, odwracam wzrok. Nigdy nie byłam z nikim w relacji seksualnej. Seks kojarzy mi się z ogromnym bólem. Wolałabym być chora fizycznie, wiedziałabym, z czym mam walczyć. A tak stale się boję. Zdarza się, że na ulicy poczuję taki sam zapach perfum, jak on miał, i paraliżuje mnie. Rozglądam się. Myślę: „On może gdzieś tu być". Zaczynam biec. Nadal każdej nocy słucham, czy ktoś nie przekręca klucza w drzwiach. Od kiedy wyszedł na wolność, czuję, że on jest wszędzie.

Zawsze możesz na mnie liczyć

Zakładam konto na Facebooku jako trzynastoletnia Zosia. Konto prowadzi i koresponduje z księdzem mój znajomy, który specjalizuje się w sprawach pedofilii. Najpierw ksiądz Roman pisze o swoich podróżach. Niedawno był w USA. Towarzystwo Chrystusowe ma tam domy parafialne. Ksiądz opisuje Zosi, jak jeździł jeepem i chodził po górach w Denver. Zapewnia, że jej wiadomości są dla niego bardzo ważne i chętnie wziąłby kiedyś Zosię do Stanów w walizce. Przyznaje, że jeszcze nie wie, czy wróci do pracy w szkole, bo to zależy od przełożonych. Pisze:

„Zosieńko, chcę Cię zapewnić, że Cię bardzo lubię i jeśli czasem chcesz się wygadać, to zawsze możesz na mnie liczyć – obojętnie, czy przez internet, czy osobiście. Wiem, że jest Ci ciężko, dlatego się o Ciebie martwię.

Pozdrawiam Cię serdecznie, Zosiu, modlę się za Ciebie i życzę dobrej nocy".

Imię głównej bohaterki zostało zmienione.

Dziękuję sędziemu, który zgodził się pomóc w reportażu.

Pogarda dla krzywdy

PROF. MONIKA PŁATEK,
KIEROWNICZKA ZAKŁADU KRYMINOLOGII
UNIWERSYTETU WARSZAWSKIEGO:

– Ostateczny wyrok dla księdza Romana był wyrazem pogardy dla krzywdy wyrządzonej ofierze, a po trosze i dla prawa.

Ksiądz dobrze wiedział, co robi. Wybrał dwunastolatkę opuszczoną przez rodziców, a przez to łatwą do zastraszenia i podporządkowania. Jeśli czuł pociąg do dziewczynek, mógł się wcześniej leczyć, prosić o skierowanie do innej pracy, szukać pomocy u przełożonych. Nie zrobił tego i sądy o tym wiedziały. Ksiądz miał wiele miesięcy na zaprzestanie przestępstw seksualnych, ale je kontynuował. Powinien więc otrzymać karę w górnych granicach, czyli dwanaście lat.

Mimo to, bez wysłuchania pokrzywdzonej, dwukrotnie złagodzono gwałcicielowi karę. Sądy nie zadbały nawet, by pokrzywdzona była prawidłowo reprezentowana. Nie ma pewności czy w ogóle wiedziała, że ma prawo do pełnomocnika. Jest pewność, że jej interes nie był w sądzie reprezentowany.

Bohaterce tekstu należy się wysokie odszkodowanie od księdza i jego przełożonych. Nie tylko po to, by skończyć z tolerancją dla krzywdzenia dzieci. Przede wszystkim dlatego, że prawo tak stanowi. Odszkodowanie za odebrane zdrowie, utracone dzieciństwo, zrabowany czas na naukę, zabraną godność.

Z nienawiści do kobiet

◆ Zerżnijcie mnie – powiedział prokurator wojskowy Kazimierz N. do pielęgniarki. Do kobiet żołnierzy pracujących w ambulatorium rzucił: „Dziewczyny, a wy nie macie nic do ssania?".

◆ Zachowywał się na misji jak pan i władca. Molestował kobiety delikatne i wrażliwe – zwłaszcza te ze służby medycznej.

◆ Spotkałem się ze zdziwieniem znajomych wojskowych, że za tego typu zachowania może spotkać żołnierza jakakolwiek kara.

Pułkownik: Rola kobiet służebna

Był rok 2009, podpułkownik i prokurator Kazimierz N. od kilku miesięcy przebywał na misji w Afganistanie, reprezentując Dowództwo Polskich Sił Zadaniowych. Do jego obowiązków należało pilnowanie przestrzegania przepisów oraz ściganie wykroczeń wśród żołnierzy.

Od początku misji N. podkreślał, że ma wysoki stopień wojskowy. Popisywał się znajomością prawa karnego, zwracał żołnierzom uwagę na rzekomo naruszone przez nich przepisy.

Jednocześnie sam chodził niechlujnie ubrany, z przetłuszczonymi włosami. – Mogę wyglądać, jak chcę, gwiazdki nic dla mnie nie znaczą – mówił. A na pytanie, czy czegoś mu nie potrzeba, lubił odpowiadać: „Potrzebuję kobiety, do obsługiwania mam przecież dwóch żandarmów".

Któregoś dnia zgłosił się do szpitala z bólem brzucha. Podczas badania próbował chwycić jedną z pielęgniarek za pierś. Komentował wygląd pielęgniarek, rzucał seksualne aluzje. W końcu żadna nie chciała podawać mu leków.

W rozmowach z żołnierzami podpułkownik podkreślał, że rola kobiet jest „służebna" względem mężczyzn.

Chorąży Anna:
Całował w szyję, zaryglował drzwi

W listopadzie 2009 roku chorąży Anna, wracając ze sztabu do kwatery, spotkała podpułkownika N. Mówił, że był w bazie w Ajiristanie i zrobił piękne zdjęcia, które chciał jej pokazać. Zaprosił ją do swojej kancelarii. Nie chciała odmawiać, choć zdjęcia nie bardzo ją interesowały.

Gdy otworzył plik w komputerze, poczuła, że kładzie jej ręce na uda i intensywnie pociera. Spostrzegła, że drzwi zaryglował skoblem, tak by nikt nie dostał się do środka. Przestraszyła się. Zaczęła prosić, by przestał. Wtedy posadził ją sobie na kolanach. Była drobną kobietą, ważyła czterdzieści pięć kilogramów, a on blisko sto. Prosiła, by ją puścił, ale prokurator coraz mocniej trzymał ją za ramiona, całował po szyi, czole, włosach.

W końcu otworzył kancelarię. Anna wybiegła, ale po chwili dogonił ją i znów zaczął obmacywać.

Wyzwoliła się z uścisku i pobiegła do swojej kwatery. Od koleżanek dowiedziała się, że inne kobiety w wojsku również były przez niego molestowane.

Złożyła zeznania jeszcze na misji, w żandarmerii. Podczas opisywania zdarzeń płakała i się trzęsła. Mówiła, że boi się wysokiej pozycji podpułkownika i tego, że zeznania obrócą się przeciwko niej: na przykład zostanie usunięta z wojska albo nie będzie miała możliwości wyjazdu na kolejne misje.

Kapitan Agnieszka:
Ręka w kroku i pod bluzką

– Zawsze marzyłam, by służyć ojczyźnie na misjach – mówi mi kapitan Agnieszka. – Mój tata był oficerem. Podziwiałam jego patriotyzm, oddanie Polsce. Gdy zmarł, postanowiłam wstąpić do wojska. Zaczęłam jeździć na misje. Do Afganistanu dostałam się w maju 2009 roku na sześć miesięcy, wróciłam na dwa tygodnie do Polski i później pojechałam na kolejną sześciomiesięczną misję. W domu czekała na mnie osiemnastoletnia córka i mąż, bardzo za nimi tęskniłam. Takie wyjazdy w ogóle nie są łatwe. Trzeba poradzić sobie z brakiem rodziny, przyjaciół, obcym miejscem, poczuciem zagrożenia. Pracowałam w służbie medycznej, to ciężka praca, przywożono wielu rannych, ale każdego dnia czułam się potrzebna. No i na misji są lepsze zarobki. Wiedziałam, że w ten sposób mogę zadbać o przyszłość córki.

Bal sylwestrowy w 2009 roku wśród żołnierzy w Afganistanie wyglądał zupełnie inaczej niż zabawy z przyjaciółmi w Polsce. Przyszłam w spodniach, podkoszulku bez dekoltu i bluzie z kapturem. Nie piłam alkoholu, chciałam tylko odpocząć i przywitać rok z koleżankami i kolegami. Po mniej więcej godzinie podszedł do mnie podpułkownik, prokurator Kazimierz N. i poprosił do tańca. Na początku tańczył normalnie, mówił, że kończył kursy tańca towarzyskiego. Przy kolejnej piosence zaczął mnie jednak obmacywać, jego ręka niby przypadkiem lądowała na moich piersiach lub kroczu. Poprosiłam, by nie zachowywał się w ten sposób. Przestaliśmy tańczyć, ale on nadal na mnie patrzył. Poprosiłam kolegę, by stał przy mnie i zniechęcił go. Ale gdy wyszłam na papierosa, pojawił się znowu. Coś tam pytał o nowy szpital. Nagle naparł na mnie całym ciałem. Wsunął mi rękę pod bluzkę, drugą próbował włożyć do spodni. Chciał całować mnie w usta, ale wyrywałam się, więc całował mnie po szyi. Czułam od niego obrzydliwą woń alkoholu zmieszanego z potem. Prosiłam, by przestał. Udało mi się wyrwać i pobiegłam do koleżanek. Bałam się już wychodzić i czekałam, aż ktoś będzie wracał w stronę mojego obozu.

Następnego dnia około trzynastej podpułkownik zapukał do mojego prywatnego pokoju i wszedł, nie czekając na odpowiedź. Zamknął drzwi na klucz. Byłam jak sparaliżowana. To jest człowiek dużo wyższy rangą, prokurator. Czułam taki strach, że nie mogłam myśleć. Odepchnęłam go, ale naparł na mnie, włożył mi rękę pod podkoszulek i zaczął dotykać gołych piersi. Błagałam, aby wyszedł. Próbował mnie całować, ciągnął w stronę łóżka. Cały czas powtarzałam, żeby przestał.

W końcu wyszedł.

Nazajutrz zobaczyłam go w pracy. Schowałam się w ambulatorium. Długo tam siedziałam, trzęsąc się ze strachu. Czułam przed nim jakiś paniczny lęk, trudno to wyjaśnić osobie, która nie jest w wojsku, ale tam człowiek mający władzę może ci bardzo zaszkodzić. A on zachowywał się na misji jak Bóg, podkreślał, że dowódca kontyngentu zrobi dla niego wszystko. Bałam się, że jeśli będę krzyczeć i opowiadać o tym, co zrobił, zrzuci winę na mnie. Powie, że sama tego chciałam.

Kilka dni później usłyszałam od koleżanek żołnierek, że wiele kobiet było przez niego molestowanych, a on rozpowiadał później, że to one składają mu propozycje. Na przykład mówił, że chorąży Anna, która jest bardzo delikatną i nieśmiałą kobietą, „zrobiła mu loda w kancelarii". Koleżanki opowiadały, że dużo kobiet, nie tylko z armii, lecz także z Prokuratury Wojskowej we Wrocławiu, gdzie wcześniej pracował, zdecyduje się zeznawać przeciwko niemu.

Obawiałam się, że pułkownik doprowadzi do mojego zwolnienia lub zablokuje możliwość wyjazdu na misje. Czułam się upokorzona i bezradna. Jednak zdecydowałam się złożyć zeznania w żandarmerii, która przekazała je do Wojskowej Prokuratury Okręgowej w Warszawie. Zarówno żandarmi, jak i prokurator Kurenda, która wezwała mnie po powrocie z misji, nie bagatelizowali moich słów.

Jednak od razu po tych moich zeznaniach, jeszcze w Afganistanie, stało się coś jak w *Procesie* Kafki. Pozostałe żołnierki zaczęły mnie traktować jak trędowatą. Gdy przechodziłam obok i witałam je, obracały głowy w drugą stronę. Przełożeni odradzali mi udział w tej sprawie. Koledzy podkreślali, że z prokuratorem nie wygram.

Prokurator wynajął jednego z najlepszych adwokatów we Wrocławiu. Wahałam się, czy nie wycofać zeznań, ale bałam się, że jeśli nie doprowadzę tej sprawy do końca, zrobi to samo innym kobietom.

Molestowanie podkopuje wiarę we wszystko, co robisz, twoją godność. Czułam, że ktoś wykorzystał cechy, które do tej pory ludzie we mnie cenili – to, że jestem miła, staram się zrozumieć drugiego człowieka, pomagać innym. Zaczęłam izolować się od otoczenia.

Gdy sąd jako dodatkową karę nakazał podpułkownikowi mnie przeprosić, dostałam list z jednym zdaniem: „Zgodnie z nakazem sądu przepraszam". Napisał go na papierze firmowym swojej nowej kancelarii adwokackiej.

Prokuratura Wojskowa we Wrocławiu, gdzie wcześniej pracował N., poprosiła, żebym przyniosła list. Potrzebowali potwierdzenia, że wywiązał się z nakazu sądu. Gdy przyszłam, pani w sekretariacie powiedziała: – My wszystkie za panią kciuki trzymałyśmy. On w prokuraturze robił to samo, ale nie miałyśmy odwagi zeznawać.

Gdy kapitan Agnieszka opowiada mi o tych wydarzeniach, drży jej głos. – Nie myślałam, że to jeszcze tak mnie porusza – tłumaczy.

Żołnierz: Molestował delikatne

– Prokurator N. zachowywał się na misji jak pan i władca. Był bardzo prowokacyjny, rzucał niedwuznaczne propozycje. Nie w stosunku do wyszczekanych, władczych kobiet, które mogłyby mu odpyskować. On wybierał kobiety delikatne i bardzo wrażliwe. Takie, które czuły się tym upokorzone. Molestował szczególnie te ze służby medycznej – mówi mi anonimowo żołnierz, który był wtedy na misji w Afganistanie. – Zdziwiło mnie, że złożenie zeznań szczególnie odradzali molestowanym ich przełożeni. Jeden powiedział żołnierkom wprost: – Nie wygracie, to jest podpułkownik, prokurator, a w sądach nie chodzi o to, kto ma rację, tylko kto ma lepszego adwokata.

Pełnomocniczka ds. kobiet:
Dawniej dostawali brom

– Od początku była atmosfera, aby tej sprawy nie zamiatać pod dywan – mówi mi komandor Bożena Szubińska, ówczesna pełnomocniczka MON ds. wojskowej służby kobiet. – Z wielu kobiet, które mówiły koleżankom na misji o molestowaniu, pozostały dwie, które zgodziły się utrzymać zeznania jako poszkodowane, i kilkoro świadków. Wiceminister sprawiedliwości generał Czesław Piątas poprosił mnie, abym wsparła te kobiety psychicznie, tak by nie zrezygnowały w trakcie procesu.

Podczas rozpraw prokurator N. ani razu nie okazał skruchy. Po zeznaniach na temat sylwestrowej nocy chwalił się, jakim jest doskonałym tancerzem. Był niezwykle pewny siebie. Na rozprawach kapitan Agnieszka i chorąży Anna nadal się go bały. Odniosłam wrażenie, że przez molestowanie nie tylko chciał zaspokoić swój popęd seksualny. To był jego sposób na podkreślenie władzy nad kobietami, które traktował jako kogoś podrzędnego, gorszego. Podczas sprawy obrona prokuratora Kazimierza N. próbowała podważać moralność kobiet, nie chciałabym mówić o szczegółach, sędzia szybko zauważył, że są to informacje wyssane z palca. Zresztą tak jest prawie przy każdej sprawie o molestowanie w wojsku. Nagle rozpuszczane są plotki, że oskarżająca kobieta lubi seks albo alkohol. To nieprawda, ale żołnierki czują się zaszczute. Wycofują zarzuty. Próbuję im pomóc w zmianie jednostki, ale wojsko polskie to hermetyczny świat, plotki szybko przechodzą do nowego miejsca pracy. Zwykle to oprawca wychodzi ze spraw o molestowanie obronną ręką. Tym razem obie żołnierki wykazały się ogromną odwagą. Tym bardziej że oskarżały prokuratora, którego żona także była prokuratorem we Wrocławiu. W powszechnej opinii istnieje przekonanie, że kruk krukowi oka nie wykole, czyli lojalność środowiskowa jest ważniejsza od czynu. Wszyscy się dziwili, że te kobiety zdecydowały się wystąpić przeciwko prokuratorowi.

W wypowiedziach kolegów z pracy oskarżonego, którzy zeznawali jako świadkowie, dało się wyczuć szowinistyczne podejście do relacji kobieta – mężczyzna. Na tym tle bardzo wyróżniał się sędzia Borys Bakaj, który prowadził sprawę. Po prostu badał fakty. Oczywiście, musiał analizować intymne szczegóły, ale nie naruszał przy tym godności tych kobiet. To był pierwszy mężczyzna, który zadał dowódcy pytanie: „A jak żołnierze radzą sobie z seksualnością podczas misji? Czy macie jakieś szkolenia?".

Szkoleń nie ma i wielu nie radzi sobie z popędem. Dawniej żołnierze dostawali kostki cukru z bromem na osłabienie libido. Teraz dowódca odpowiedział, że są książki, które można w wolnym czasie czytać, i to pomaga odciągnąć uwagę żołnierzy.

Sędzia I: Do więzienia, zdegradować

Prokurator Marta Kurenda oskarżyła Kazimierza N. o to, że w krótkich odstępach czasu doprowadził siłą i podstępem chorąży Annę oraz kapitan Agnieszkę do poddania się innym czynnościom seksualnym. Za ten rodzaj przestępstw seksualnych grozi kara od sześciu miesięcy do ośmiu lat więzienia.

W lipcu 2012 roku sędzia Borys Bakaj z Sądu Garnizonowego w Poznaniu uznał Kazimierza N. za winnego dokonania przemocą innych czynności seksualnych na chorąży Annie, naruszenia nietykalności cielesnej kapitan Agnieszki i doprowadzenia jej do innych czynności seksualnych. Sąd skazał prokuratora na dwa lata i sześć miesięcy bezwzględnego więzienia oraz zastosował środek karny w postaci degradacji, czyli odebrania podpułkownikowi przywilejów wojskowych.

Zdaniem biegłych sądowych „ewentualna trauma wynikająca z sytuacji bojowej nie miała wpływu na postępowanie prokuratora". Według psychiatry Kazimierz N. mógł racjonalnie kontrolować swoje zachowanie.

Prokurator wprawdzie nie przyznał się do zarzucanych mu czynów, ale według sądu jego wina nie budziła żadnych wątpliwości. – Podpułkownik to osoba dorosła, doświadczony tancerz, przez szereg lat policjant i wreszcie prokurator wojskowy, więc niewątpliwie zdawał sobie sprawę, że dotykanie piersi i krocza kobiety bez jej zgody jest zabronione, a zastosowanie podstępu i przemocy w celu doprowadzenia kobiet do poddania się innym czynnościom seksualnym jest karalne – uzasadniał sędzia Bakaj. – Oskarżony dążył do realizacji popędu seksualnego, nie zważając na kolejne wyraźne odmowy. Wykorzystał swoją przewagę fizyczną – każda z pokrzywdzonych była od niego słabsza – oraz psychiczną, wynikającą z wysokiego stopnia wojskowego i posiadanej władzy. Wykorzystał też izolację kobiet od rodziny.

Sędzia przytaczał zdania prokuratora N., w których podkreślał swoją władzę: „jestem człowiekiem ze świecznika", „batem dowódcy na wszystkich łamiących przepisy, szczególnie tych od użycia broni", „ludzie do mnie nie przychodzili, bo się bali".

– Oskarżony działał w warunkach bojowych na szkodę towarzyszy broni, wykorzystał ich strach przed prokuratorem, prawnikiem i starszym oficerem – podkreślił sędzia. – Kazimierz N. jako prokurator powinien czuwać nad ściganiem przestępców, a nie popełniać przestępstwa przeciwko wolności seksualnej. To osoba głęboko zdemoralizowana, której cechy charakteru uniemożliwiają pełnienie służby wojskowej, dlatego w wyniku wyroku traci swój stopień wojskowy. Przestępstwa seksualne w wojsku powinny spotykać się ze zdecydowaną reakcją wymiaru sprawiedliwości – podsumował sędzia.

I stwierdził: dolegliwość kary bezwzględnego więzienia w żaden sposób nie przekracza stopnia winy oskarżonego.

Prokurator:
Proszę o niższy wymiar kary

Po wyroku apelację wniósł adwokat Kazimierza N., prosił o uniewinnienie. Jednak nie był jedynym, który chciał bronić oskarżonego. Apelację na korzyść N. wniósł też prokurator wojskowy ppłk Anatol Sawa, wówczas naczelnik Wydziału Śledczego Wojskowej Prokuratury Okręgowej w Warszawie.

Prokurator, któremu opowiadam o tej sprawie, mówi mi, że w ciągu kilkunastu lat pracy tylko parę razy spotkał się z tym, aby prokurator wystąpił o złagodzenie kary, i nigdy nie miało to miejsca w sytuacji przestępstw o charakterze seksualnym. – Nawet jeśli prokurator żąda początkowo niższej kary, to sędzia może ocenić zachowanie oskarżonego podczas rozpraw, stopień demoralizacji, opinie biegłych, tak by wydać sprawiedliwy wyrok – mówi. – W przypadku takich przestępstw bulwersujące jest, gdy prokuratura wstawia się za oskarżonym. Ciekawe, czy prokurator prowadząca sprawę zgadzała się z wyrokiem pierwszej instancji. Jeśli tak, to jej kolega w żadnym wypadku nie powinien pisać apelacji.

Prokurator:
Kobiety nie odczuwały strachu

Pytam Anatola Sawę, teraz z Prokuratury Rejonowej w Lublinie, jakie miał motywy, by wstawiać się za prokuratorem N.

– Wszystko jest w apelacji – odpowiada.

W apelacji zarzucił sądowi, że kara jest niewspółmiernie surowa w stosunku do czynu, i to w sposób rażący. Napisał: „Sąd nietrafnie przyjął, że oskarżony dopuścił się zarzucanych mu przestępstw jako osoba głęboko zdemoralizowana, wykorzystując obowiązki na stanowisku prokuratora i strach pokrzywdzonych przed nim jako prawnikiem, prokuratorem i jednocześnie oficerem starszym".

Według prokuratora Sawy kobiety nie odczuwały strachu przed stanowiskiem prokuratora, bo nie prowadził on postępowań w ich sprawie. Prokurator podkreślał też, że kara wymierzona przez sąd pociągałaby poważne skutki dla rodziny, w tym dwójki małych dzieci Kazimierza N.

Pytam Anatola Sawę, dlaczego takiej apelacji nie napisała autorka aktu oskarżenia. – Jedna z żołnierek twierdzi, że prokurator Kurenda mówiła o naciskach w sprawie apelacji. Jeśli tak było, kto naciskał i dlaczego?

– Nie powinienem się wypowiadać na ten temat. Szczerze powiem, że nie pamiętam dokładnie tej sprawy.

– Może dlatego, że nie był pan na ani jednej rozprawie.

– To nic ma żadnego znaczenia.

– Ma znaczenie. Bo przy sprawie o przestępstwa seksualne liczy się też postawa oskarżonego podczas rozpraw, czy wykazuje skruchę, jak zachowuje się wobec pokrzywdzonych.

– Nic więcej o tej sprawie nie mogę powiedzieć. – Prokurator kończy rozmowę.

Prokurator Marta Kurenda pracuje obecnie w Prokuraturze Rejonowej w Warszawie. Wysyłam jej esemes z pytaniem, czy miała polecenie lub sugestię pisania apelacji na korzyść oskarżonego? Jeśli nie chciała jej pisać, w jaki sposób uzasadniła odmowę? Komu zależało, by taka apelacja powstała?

Prokurator nie chce odpowiedzieć.

Sędzia II: Mała szkodliwość społeczna

Wojskowy Sąd Okręgowy w Poznaniu oddalił apelację obrońcy. Za trafną przyjął zaś apelację prokuratora Sawy i zdecydował się na duże złagodzenie kary. W grudniu 2012 roku sąd okręgowy skazał N. na dziewięć miesięcy z zawieszeniem na dwa lata, bez degradacji.

Sędzia Janusz Kogut podkreślił, że przebieg zdarzeń ustalony został przez sędziego Bakaja bardzo skrupulatnie i profesjonalnie. – Nie podzielam natomiast poglądu sędziego o szczególnej społecznej szkodliwości czynów – uzasadniał. Według sądu zachowanie oskarżonego nie miało żadnego związku z jego obowiązkami służbowymi i pozycją prokuratora. A popełnienie przestępstwa przeciwko wolności seksualnej nie musi powodować utraty wysokiego stopnia wojskowego. Sąd apelacyjny cofnął decyzję pierwszego sądu o degradacji.

Prokurator, któremu opowiadam o sprawie, komentuje:
– Jest zastanawiające, że przy tak mocnych dowodach sąd decyduje się zmienić karę i zostawić oskarżonemu przywileje wojskowe. Gdyby poszła jedynie apelacja

obrońcy w kierunku uniewinnienia, sąd miałby związane ręce. Przy tych dowodach nie mógłby go uniewinnić. Czyli to właśnie prokurator wojskowy, który stanął w obronie oskarżonego, też prokuratora wojskowego, dał sędziemu furtkę do łagodnego potraktowania Kazimierza N.

Prokurator N. już w trakcie sprawy przeszedł na przysługującą mu emeryturę wojskową w wysokości 4200 złotych netto. Po czym otworzył własną kancelarię prawną w Świdnicy. Doradzał między innymi swojej żonie, prokurator podejrzanej o fałszowanie dokumentów i celowe przedłużanie śledztwa.

– Nie chcę nic na ten temat mówić. Do widzenia – ucina Kazimierz N., gdy proszę o komentarz i rozmowę na temat molestowania żołnierek.

Komandor: Ten wyrok mógł zmienić sytuację kobiet

– Pominięcie w wyroku sądu drugiej instancji faktu, że stanowisko prokuratora i podpułkownika miało wpływ na kobiety, jest ośmieszeniem etyki zawodowej – mówi komandor Szubińska. – Każdy żołnierz wie, że w wojsku panuje hierarchia i pozycja uzależniona jest od stopnia wojskowego. Przepaść między kobietą chorążym a podpułkownikiem jest ogromna. Właśnie dzięki tej pozycji prokurator wojskowy mógł wzbudzać strach. W innych armiach sprawy o molestowanie, jeśli już trafią do sądu, są bardzo surowo karane. U nas wciąż traktuje się je z przymrużeniem oka. Ten pierwszy wyrok mógł zmienić sytuację kobiet w wojsku. Dlatego tak bardzo zawiodłam się na Wojskowym Sądzie Okręgowym, który uważa, że przestępstwo seksualne nie musi pociągać za sobą degradacji.

My, kobiety, często jesteśmy traktowane w wojsku jak „urozmaicenie". Spośród wszystkich służb mundurowych w wojsku jest najmniejsza liczba kobiet – tylko trzy procent. Też z powodu dużej przewagi liczebnej mężczyzn w wojsku, częściej niż w innych instytucjach, kobiety są upokarzane i dyskryminowane. Sąd tym wyrokiem zakonserwował tę sytuację i stworzył niebezpieczny precedens dla przyszłych spraw o molestowanie. Zastanowiło mnie, że prokurator apeluje, wykazując się niezwykłą empatią dla oskarżonego. Pisze o jego rodzinie. Przecież N. mógł myśleć o swojej rodzinie przed popełnieniem przestępstw. Czy gdy sprawa dotyczy zwykłego człowieka, prokuratorzy się za nim wstawiają, zastanawiając się, jak sobie poradzi? To jest zwykłe kolesiostwo.

Minister: Nie tolerujemy

Pytam ministra obrony narodowej Antoniego Macierewicza, jak zamierza reagować na przemoc seksualną wobec kobiet w wojsku.

– Ministerstwo Obrony Narodowej nie toleruje żadnych przypadków łamania prawa. Wszystkie sytuacje powinny być wnikliwie zbadane, zgłoszone do odpowiednich służb i wtedy podejmowane są zdecydowane działania zmierzające do zapobiegania nieprawidłowościom. W Wojsku Polskim nie ma przyzwolenia na jakiekolwiek postępowanie będące w sprzeczności z zasadami przyzwoitości, moralnymi i prawa – mówi minister Macierewicz.

Sędzia II: Oj, chciał zyskać przychylność pań

Pytam sędziego Janusza Koguta, dlaczego człowiek skazany za przestępstwo seksualne nie powinien stracić wysokiego stopnia wojskowego.

– Z mojego punktu widzenia ta sprawa była drobna. Pan prokurator nadużył swojego stanowiska, by zyskać przychylność pań.

– Czyli molestowanie to teraz „zyskiwanie przychylności pań"?

– Miałem na myśli to, że nie doszłoby do tego, gdyby nie pewna przychylność tych pań.

– W uzasadnieniu sam pan sędzia podkreślił, że sąd garnizonowy bardzo skrupulatnie opisał zdarzenia. A w tym opisie nie ma nic o przychylności. Wręcz przeciwnie. Jest mowa o użyciu siły i przemocy, o zamykaniu na klucz, przypieraniu do ściany. Kobiety cały czas powtarzały, żeby prokurator przestał. Czy pan myślał o tych kobietach, zdecydowanie łagodząc wyrok?

– Nie zamierzam się przed panią tłumaczyć.

– Zapytam inaczej: czy gdyby w takiej sytuacji znalazła się pana córka, żona, to wyrok byłby taki sam?

– Sędzia nie może podchodzić do ocen subiektywnie. Jeśli poddaje się emocjom, nie powinien wydawać wyroków. Nie mogę myśleć, co zrobiłbym, gdyby pokrzywdzoną była moja córka. Proszę też pamiętać, że poszkodowane mogą się przed panią bardziej otworzyć niż podczas rozpraw czy przesłuchań, a zatem w stresującej sytuacji. Oczywiście zgadzam się, że zachowanie pana N. było nieprzyzwoite, nie przystoi prokuratorowi.

– W wyroku pierwszej instancji sędzia mówił o głębokiej demoralizacji oraz niezaspokojonym popędzie seksualnym. Nie obawia się pan, że taka kara, czyli emerytura wojskowa i praca prawnika, może nie zniechęcić Kazimierza N. do molestowania kobiet?

– Złagodzenie kary na pewno nie przyczyni się do utwierdzenia oskarżonego w przekonaniu, że może molestować kobiety. Poza tym spotkałem się z lekceważącymi stwierdzeniami... Źle to ująłem. Spotkałem się ze zdziwieniem znajomych wojskowych, że za tego typu zachowania w ogóle może spotkać żołnierza jakakolwiek kara. Mówili to żołnierze zawodowi podczas różnych naszych spotkań. Uważali, że za czyny, których dopuścił się prokurator N., nie powinno być żadnej kary.

Personalia żołnierek zostały zmienione.

Gej Twoim bratem
w Kościele

◆ Krzysztof: – Wiara w Boga jest silniejsza, gdy żyję z Szymonem.

◆ Na pięciolecie związku Mariusza z Kamilem ksiądz odprawił mszę, na której obaj przyjęli komunię w obecności bliskich.

◆ Kościół to wszyscy wierzący i ochrzczeni, a nie księża i biskupi. Z Kościoła może mnie wykluczyć tylko sam Bóg.

Wiara w Boga jest jak zakochanie – tak Paweł, trzydziestoletni dramaturg z Warszawy, tłumaczy, dlaczego jest katolikiem. – Spędzasz z kimś czas i nie widzisz w nim nic specjalnego, a nagle coś czujesz i totalnie ci odpala. Rutynowa modlitwa się zmienia. W ten sposób zrozumiałem, że moje miejsce jest w Kościele. Czułem nawet tęsknotę za Bogiem. W niedzielę rano wbiegałem do kościoła, aby uklęknąć, pomodlić się.

– A teraz jesteś zakochany?

– Właśnie rozstałem się z jednym chłopakiem, ale jestem otwarty na zauroczenia.

– Spowiedź?

– Teraz nie chodzę do spowiedzi. Jeśli w życiu homoseksualisty mi nie wyjdzie, wrócę do Kościoła w pełny sposób.

W wieku szesnastu lat Paweł zaangażował się w Ruch Światło-Życie. Działał w dominikańskim duszpasterstwie akademickim. Był animatorem, odpowiedzialnym duszpasterstwa, przygotowywał dorosłych do chrztu. Prowadził katechezy dla młodzieży. Czuł się przewodnikiem tych młodych ludzi, a oni często prosili, aby został ich świadkiem podczas bierzmowania.

Chodził na pielgrzymki, uczestniczył w rekolekcjach ignacjańskich, jeździł medytować do benedyktynów.

– Do trzydziestego roku życia prowadziłem tak intensywne życie religijne, że problem seksualności właściwie nie istniał. Żyłem w czystości.

– Dlaczego?

– Myślałem, że to jest sprawa, którą Bóg za mnie rozwiąże. Albo będę miał powołanie kapłańskie, albo umrę, albo zakocham się w kobiecie. Chciałem wierzyć, że wszystko się ułoży.

Paweł:
W Kościele widzę delikatność

Po skończeniu studiów nie wstąpił do zakonu, mówi, że chyba głównie pod wpływem fascynacji teatrem.

– Chciałem być wśród ludzi. To nie jest praca przy biurku, która kończy się o określonej godzinie, lecz zawód, który wypełnia życie. Zaangażowanie w pracę i życie religijne zapełniały czas. Miałem mnóstwo koleżanek, które chciały się ze mną związać. Ale nic z tego nie wychodziło, a potrzeba ułożenia sobie życia zaczęła we mnie narastać. W końcu zrozumiałem, że jestem, kim jestem i nie muszę nic zmieniać. Mam prawo szukać miłości. Przecież staram się żyć, jak naucza Kościół.

Paweł zaznacza, że nigdy nie czuł się odrzucony przez księży i że to stanowi kolejny dowód na istnienie Boga.

– Tłumaczyli mi, że seksualność to tylko jeden element spośród ogromnej liczby cech, które są we mnie. Nie muszę być oceniany przez tę jedną cechę. I w Kościele nigdy nie byłem. Nadal doświadczam w nim wiele miłości i zrozumienia, czasem nawet dużo więcej niż w środowisku gejów, w którym z orientacji seksualnej za wszelką cenę chce się zrobić tożsamość.

– Bycie gejem to nie tożsamość?

– Religia odpowiada na najgłębsze, najintymniejsze pytania dotyczące mojego pochodzenia i przeznaczenia: kim jestem? dokąd zmierzam? co jest dobre, a co złe? A bycie gejem to tożsamość stworzona dla celów politycznych. Jeśli spojrzę na wyznawane wartości i światopogląd, z wieloma gejami niewiele mnie łączy. Więcej wspólnych tematów mam już z panią, która sprzedaje bułki w sklepie. Oczywiście, jeśli ktoś zapyta o moją orientację, odpowiem, że jestem homoseksualny. Ale to tak, jakbym mówił, że jestem wysoki, szczupły, mam niebieskie oczy czy blond włosy.

– Ciepła szukasz w Kościele, ale przecież nie dostaniesz tam rozgrzeszenia?

– Mogę sobie załatwić rozgrzeszenie, znam wielu księży, którzy mi go udzielą. Oczywiście nie wskażę nazwisk. Geje, którzy znajdują się w środowisku kościelnym, wiedzą, do którego księdza pójść. Nie jest tajemnicą, że niektórzy księża mają orientację homoseksualną, są też tacy, którzy po prostu rozumieją gejów i lesbijki.

– A czy to nie jest taki mały prywatny Kościół tylko dla ciebie?

– Oczywiście, że tak. Ale dla mnie ważne jest, że są księża, którzy więcej rozumieją.

– Chcesz, żeby Kościół akceptował związki homoseksualne?

– Nie mogę do tego namawiać Kościoła. Związki homoseksualne są takie szybkie, ulotne. Geje powinni się bronić szczególnie przed gejami. To oni powodują najwięcej cierpienia. Nawet gdy jestem zauroczony, nadal tak uważam. Często geje pogardzają sobą nawzajem. Nie szanują siebie i innych. Między sobą nazywają się dziwkami, ciotami, pedałami. Myślę, że niektórzy po prostu nie czują się do końca mężczyznami. To jest środowisko wewnętrznie skłócone. Nie chcę się do nich upodabniać. W Kościele widzę delikatność dla osób homoseksualnych. To, kim jestem, określa mój stosunek do Boga, a nie upodobania seksualne. Staram się codziennie modlić, czytać Pismo Święte i żyć zgodnie z nauczaniem Chrystusa.

Krzysztof i Szymon: Bóg jest miłością

Krzysztof i Szymon na mszę chodzą wspólnie, najczęściej do klasztoru Dominikanów w Krakowie. Wspierają powstanie krakowskiej grupy homoseksualnych chrześcijan.

Krzysztof jest wykładowcą na wyższej uczelni w Krakowie, Szymon jest pedagogiem, pracuje w branży szkoleniowej. Poznali się przez internet.

Pierwsza randka w kawiarni na Szewskiej. Szymona urzekło to, w jaki sposób Krzysztof opowiadał o pracy, robił wtedy doktorat na uczelni. Szymon poczuł, że powinien się dalej rozwijać. Kilka tygodni później po raz pierwszy trzymali się za ręce, publicznie, w kawiarni. Nie patrzyli na inne osoby, ale Krzysztof myślał o ich reakcji. W pracy słyszał, jak koledzy mówią o homoseksualnych parach: pedały, zwyrodnialcy, zboczeńcy. Rozmawiali wykształceni ludzie, często pracujący naukowo. Krzysztof milczał. Z Szymonem są razem już dwa lata.

KRZYSZTOF:

Mówi się, że homoseksualiści walczą z Kościołem, ale wśród gejów jest też wiele osób o innych poglądach. My szanujemy tradycję tych dwóch tysięcy lat.

Spotykamy się w ich mieszkaniu. Szymon proponuje herbatę.

– Chciałbym, aby wiara była kwestią wyboru człowieka, ale to jest nie do przejścia w polskim społeczeństwie. Tu katolikiem się rodzisz, jesteś od razu ochrzczony, komunia, bierzmowanie, trudno się z tego wykręcić.

– Nigdy nie miałeś wątpliwości?

SZYMON:

Ukończyłem katolicką uczelnię Ignatianum. Po sześciu latach studiów pedagogicznych Kościół zraził mnie do siebie. Część wykładowców to fanatycy religijni z klapkami na oczach. Na szóstym roku miałem zajęcia z wychowania seksualnego z Elżbietą Ryszką, która prowadziła parafialną poradnię życia rodzinnego. Mówiła, że homoseksualizm to grzech, choroba do wyleczenia. Nie mogłem tego słuchać. A dla mnie katolicyzm nigdy nie był sprzeczny z homoseksualizmem. Wewnętrznie bardzo szybko pogodziłem się z własną orientacją. Czułem, że to jest naturalne. Nie myślałem, że bycie gejem to grzech.

– Chodzicie na parady?

KRZYSZTOF:

Nie. Boję się, że ktoś mnie zobaczy. Rodzice nie wiedzą. Wie jedynie garstka znajomych.

SZYMON:

Moi rodzice niestety wiedzą. Cały czas liczyli, że to się zmieni. Gdybym mógł cofnąć czas, zrobiłbym wiele, żeby się nie dowiedzieli, za dużo mnie to kosztowało. Miałem taki moment w życiu, że myślałem o samobójstwie. Nie czułem się akceptowany przez rodziców. Twierdzili, że to moja fanaberia, samolubne podejście do życia. Po mojej próbie samobójczej trzy lata temu nadal obwiniali mnie. Nawet chęć śmierci była dla nich objawem egoizmu. Uznali, że chcąc się zabić, wyrządziłem im krzywdę. Długo wierzyłem, że jeśli będę żył w stałym, uczciwym związku, to pokochają mnie takiego, jaki jestem. Chciałem im opowiadać o naszych wspólnych pasjach, wyjazdach, dzielić się swoim szczęściem. Wiele razy próbowałem podrzucać im psychologiczne książki. Nie chcieli czytać. Mama czuje strach i wstyd. Nigdy nie zgodzi się, żebym powiedział rodzinie. Chciałem to zrobić, bo nie lubię tych głupich pytań, czy mam dziewczynę. Nawet teraz rodzice spodziewają się, że wrócę do domu. Że zakończę znajomość z Krzysztofem i założę rodzinę. Bo oni chcą być dziadkami i spełnionymi rodzicami.

KRZYSZTOF:

Moi rodzice są starsi i schorowani. Informacja, że jestem gejem, by ich zniszczyła. Lepiej nie mówić. Wiedzą, że mieszkam z Szymonem. Pytają czasem, co u nas słychać, ale się nie domyślają. Opór ludzi starszych przed wiadomością, że syn jest gejem, bywa ogromny. Te myśli są blokowane. Większość społeczeństwa, także media, postrzegają nas jako chorych, zdeprawowanych, zboczonych. Moi rodzice też mają w głowach taki obraz.

– A przekaz Kościoła nie jest negatywny?

KRZYSZTOF:

Przez trzydzieści cztery lata nie znałem gejów. Nie miałem życia seksualnego. Czułem się pełnoprawnym członkiem Kościoła. Próbowałem żyć tak, jak Kościół nakazuje, ale w pewnym momencie okazało się to niemożliwe. Co jakiś czas powtarzały się traumatyczne momenty zniechęcenia, bezradności. Alkohol, film, telewizja. Wyobraź sobie trzydziestoletniego zdrowego faceta, który godzinami leży na łóżku i przerzuca kanały. Nie radziłem sobie z samotnością. Po ostrym załamaniu nerwowym i dzięki pomocy przyjaciół zacząłem inaczej myśleć o sobie. Zdecydowałem się na związek, w poczuciu, że mogę z tym pogodzić moją religijność. Nie chcę rezygnować z uczestnictwa w Kościele. Kontakt z Bogiem jest lepszy wśród ludzi. Bardzo ważna jest dla mnie komunia święta. To jest też jakby dotyk osoby, którą kochasz. Dotyk Boga, którego może brakować.

– Przystępujesz teraz do komunii?

– W rozumieniu Kościoła jestem teraz czynnym homoseksualistą. Chodzimy na mszę świętą, ale nie do spowiedzi i komunii. Przecież nie mogę spowiadać się z tego, co nie jest dla mnie grzechem. Duże nadzieje wiążę z grupą homoseksualnych i transseksualnych chrześcijan Wiara i Tęcza. W tej grupie możemy rozwijać życie duchowe, pozostając w związkach. Mamy stronę internetową i grupę na Facebooku. Na razie jest kilkadziesiąt osób, ale działamy dopiero od dwóch miesięcy. Na spotkaniach dyskutujemy między innymi o tym, w jaki sposób rozmawiać z ludźmi i bronić swoich poglądów. Dzięki tej grupie stałem się dużo pewniejszy siebie. Dawniej nie reagowałem, jeśli ktoś obrażał przy mnie gejów.

– A modlitwa? Własna droga do Boga?

SZYMON:

Modlę się nawet w autobusie. Myślę sobie: „Panie Boże, pomóż". My się niczym specjalnym nie różnimy. Staramy się żyć tak jak inni ludzie, którzy są katolikami. Mamy wzorzec chrześcijanina i według tych zasad na co dzień funkcjonujemy.

KRZYSZTOF:

Odkąd poznałem Szymona moja religijność, jest dużo bardziej rozbudowana. Wcześniej wystarczała mi msza święta, teraz więcej się zastanawiam, czytam, chcę wszystko sprawdzić. Wiara w Boga jest silniejsza, gdy żyję z Szymonem. Bliskość z drugą osobą to też bliskość ze Stwórcą. Czuję obecność Boga w tym związku wyraźniej niż w samotnym życiu przed telewizorem. Z Szymonem łączy mnie miłość, a przecież Bóg jest miłością.

Teresa: Fałszywy krzyż

Grupę Wiara i Tęcza prowadzi Teresa. Współtworzy też stronę internetową www.wiara-tęcza.pl.

Ma pięćdziesiąt lat, męża i dzieci. Jest lekarzem o dwóch specjalizacjach, rozpoczęła kurs psychoterapii. Chce także pomagać gejom, lesbijkom i osobom transseksualnym, którym trudno pogodzić swoją seksualność z wiarą katolicką.

– Moim celem jest stworzenie alternatywy dla grup typu Odwaga czy Pascha – wyjaśnia. – Oferują one pomoc duchową księży dla osób „borykających się z niechcianymi odczuciami homoseksualnymi". Pomoc ta sprowadza się do próby wyleczenia z „choroby homoseksualizmu". Jeśli wiara dla osoby homoseksualnej jest ważna, powinna zostać w Kościele i szukać wsparcia wśród chrześcijan, nie rezygnując ze swoich związków.

Teresa współtworzy grupę Wiara i Tęcza, aby pomóc kontaktować się osobom o podobnych poglądach i reagować na homofobię w Kościele. Uważa, że jako katoliczka świecka może wpływać na stanowisko Kościoła.

– Napisałam na przykład list do księdza prof. Jana Dyducha w sprawic kazania, które zostało odczytane w kościołach archidiecezji krakowskiej podczas Świąt Wielkanocnych. Twierdził w nim, że homoseksualizm, aborcja i eutanazja to najgorsze zło, które nie może być tolerowane. Prosiłam o wyjaśnienie, dlaczego homoseksualizm jest złem. Przecież wiele lat temu został skrcślony z listy chorób. Nie dostałam odpowiedzi. Takie reakcje w Kościele są częste. Papież Benedykt XVI na Boże Narodzenie 2008 roku mówił, że ludzkość należy bronić przed homoseksualizmem, tak jak ochraniamy lasy tropikalne. W małej miejscowości w Małopolsce, w gablocie ogłoszeń parafialnych, wystawiono niebezpieczne dla katolików znaki. Były tam znaki masońskie, satanistyczne oraz tęcza – znak gejów, lesbijek i transseksualistów. Na wszystkie te sytuacje chcemy reagować.

– A na razie?

– Piszą do mnie młodzi ludzie, którzy zaczynają maile od słów: „Boję się. Pójdę do piekła". Próbuję tłumaczyć, że nie muszą żyć w strachu. Wiem, że to Kościół powinien zmienić zdanie w tej sprawie.

– Jaka ma być rola Kościoła w stosunku do gejów i lesbijek?

– Bardzo prosta. Hierarchia Kościoła powinna zaakceptować ludzi z ich odmiennością i seksualnością. Posługiwanie się argumentami biblijnymi o tak zwanym prawie naturalnym już nie przekonuje. To argumenty podobne do tych przeciwko teorii heliocentrycznej. W większości krajów zachodnich istnieją już grupy homoseksualnych chrześcijan, które wpływają na zdanie hierarchów i Kościołów.

– Czy grupa Wiara i Tęcza ma wsparcie księży?

– Na obecnym etapie oczekujemy życzliwości i wsparcia modlitewnego. Nie liczę na wsparcie oficjalne. Księża są związani ślubem posłuszeństwa. Możemy tylko doradzić, który ksiądz nie sponiewiera, nie wyrządzi krzywdy psychicznej. Natomiast widzę ogromną rolę katolików świeckich heteroseksualnych, którzy mogą wpływać na atmosferę w Kościele. Chcę działać właśnie w taki sposób, analogicznie do tego, jak wpływają świeccy na Kościół w Stanach Zjednoczonych i w Europie Zachodniej.

Widziałam stronę fundacji (www.teach-ministries.org), którą założyła matka lesbijki, gdy jej córka popełniła samobójstwo. Matka, jako chrześcijanka, nie akceptowała jej orientacji. Potrafiła ją zrozumieć dopiero, kiedy dziewczyny już zabrakło. Teraz pomaga rodzinom osób homoseksualnych. Daje swoje świadectwo. Nie możemy czekać. Powinniśmy działać już dziś.

– A Pismo Święte?

– Nie należy odczytywać go dosłownie. Choć może niektórzy nadal wierzą, że niewolnik powinien służyć swojemu panu, kobieta być podległa mężczyźnie, a ziemia znajduje się w centrum wszechświata. W Ewangeliach musimy szukać przede wszystkim miłości bożej.

– W dwumiesięczniku katolickim „Miłujcie się" ksiądz Dariusz Oko pisze, że homoseksualizm to choroba ducha, zapewne wielu księży się z nim zgodzi.

– Znam go. Ksiądz Oko to duszpasterz lekarzy diecezji krakowskiej, straszny homofob. Księża często podają argumenty, dlaczego homoseksualiści są gorsi i nie powinni mieć takich samych praw. Mówi się, że częściej zapadają na choroby weneryczne, ich związki są krótkie, częściej popełniają samobójstwa. Jednak problemy często wynikają właśnie z odrzucenia przez społeczeństwo. W stosunku do Afroamerykanów też kiedyś wysuwano argumenty dotyczące ich stylu życia, a nawet braku inteligencji, aby pozbawić ich praw.

– Czasem geje i lesbijki naśmiewają się z norm religijnych…

– Obie strony powinny to przemyśleć. Ale wymagania moralne kieruję przede wszystkim do Kościoła. Nie można kazać ludziom zupełnie niepotrzebnie dźwigać dodatkowego krzyża, wystarczą krzyże dane nam przez życie. Nauka Kościoła w stosunku do gejów i lesbijek to fałszywy krzyż. Dla ludzi o odmiennej seksualności ważne jest, aby nie tłamsić swojej natury, tylko tyle. Buntuję się przeciwko wizji Kościoła, że normalni są wyłącznie kobiety i mężczyźni heteroseksualni. Jako lekarz wiem, że istnieje wiele form pośrednich.

Mariusz: Z Kościoła może mnie wykluczyć tylko Bóg

Ksiądz potrafił zrozumieć Mariusza. Na pięciolecie jego związku z Kamilem odprawił mszę, na której obaj przyjęli komunię w obecności swoich bliskich. – Chcieliśmy podziękować Bogu, że jesteśmy razem. Związek to łaska. To była msza dziękczynna z prośbą o dalsze błogosławieństwo – mówi Mariusz.

Mariusz ma świadomość Boga działającego w jego życiu.

W wieku kilkunastu lat poznał ludzi z ruchu oazowego Światło-Życie. Wydawali mu się dobrzy, zadowoleni, radośni, a on tak potrzebował znaleźć się w grupie. Zaczął się modlić i widział, że modlitwa działa. – Rozmawiałem z Nim jak z drugą osobą. Wiara to łaska. Nie można na nią zapracować, musisz być otwarta.

– A Kościół?

– Przez wiarę jestem członkiem Kościoła. Kościół to wszyscy wierzący i ochrzczeni, a nie księża i biskupi. Z Kościoła może mnie wykluczyć tylko sam Bóg.

– Kazania nie zniechęcają?

– Na pewno kazanie przeciwko gejom by mnie zraniło i zbulwersowało. Myślałem już o tym. Jeśli zdarzy się taka sytuacja, to wstanę i zaprotestuję. Choć nie wiem, czy ludzie w Kościele mnie nie zlinczują.

Kamila poznał w grupie ekumenicznej dla gejów i lesbijek. – Chciałem spotkać osoby, którym mogę zaufać, bo kierują się bliskimi mi wartościami. Kiedy po raz drugi się tam pojawiłem, był tam Kamil.

– Po raz drugi?

– Tak, bo pierwszy raz zrezygnowałem z grupy. Prowadziła ją para gejów. To, że oni się obejmowali czy pocałowali, było dla mnie wówczas za dużym szokiem. Tak naprawdę miałem chyba dość duży problem z akceptacją siebie.

– Czym się wtedy zajmowałeś?

– Po skończeniu teologii na ATK uczyłem religii w jednej z warszawskich zawodówek. To było trudne doświadczenie. Dużo łatwiej uczyć przy parafii. W drugim roku nauczania byłem już w związku z Kamilem. Nauczyciele pytali czasem o dziewczynę. W końcu zmieniłem zawód. Za to w coraz większym stopniu angażowałem się w naszą grupę ekumeniczną. Zacząłem ją prowadzić. W okresie szczytowym, w roku 2004 i 2005, pojawiało się na spotkaniach wigilijnych około czterdziestu osób. Mieliśmy rekolekcje, spotkania biblijne, chodziliśmy na msze w kościele św. Barbary przy ulicy Emilii Plater. Przychodziliśmy anonimowo, bo mimo że rozesłaliśmy listy do kilkunastu parafii z prośbą o opiekę duszpasterską, nie dostaliśmy żadnej pozytywnej odpowiedzi. Grupa spotykała się zatem w parafii ewangelicko--augsburskiej, gdzie prowadziliśmy spotkania biblijne.

– Spowiadałeś się wtedy?

– Miałem swojego spowiednika. Raz poszedłem do innego księdza, powiedział, że może udzielić mi warunkowego rozgrzeszenia. Ma taką możliwość, jeśli ktoś jest słaby i żyje w całkowitym grzechu. Na taką interpretację po prostu się nie zgodziłem. Ona nie rozwiązuje problemu, tylko spycha mnie na margines, gdzie mogą się nade mną ulitować.

To nie ja dokonałem wyboru. Nie miałem żadnego wpływu na to, kim jestem. Gdybym miał, nie byłbym gejem, bo sam siebie nie akceptowałem. Homoseksualizm jest wrodzony i stanowi nieodłączną część mojej osoby. Hierarchia Kościoła chce, abym nie realizował siebie jako osoby homoseksualnej. Czy oni nie wiedzą, że to wymaga zaprzeczenia całej mojej osobowości?

Mama Mariusza od lat wie, że syn mieszka z kolegą, Kamilem. Największy kłopot jest ze świętami. Dla Mariusza i Kamila są ważne i chcieliby je spędzać razem. Ale mama niczego nie rozumiała: „Wolisz spędzać najważniejsze święto z kolegami, a nie z rodziną?". Przez lata tłumaczyła sobie, że syn spóźnia się na Wigilię, bo musi odwieźć Kamila – który jest pielęgniarzem – po dyżurze do domu.

– Dopiero niedawno zaczęła pytać. Podczas Bożego Narodzenia życzyła mi żony i dzieci. Powiedziałem, że nie doczeka się tego nigdy.

Mariusz ma czterdzieści cztery lata. „Niektórzy nie są powołani do tego, żeby zakładać rodzinę" – próbował jej tłumaczyć.

„Chyba nie chcesz powiedzieć, że jesteś jak Raczek?" – powiedziała w końcu.

„A gdyby tak było?".

Rozmowa zeszła w kierunku rodziny i sąsiadów: I co ludzie powiedzą? I co pomyśli ciotka Marta, która tak chciała tańczyć na Mariusza weselu? I że rodzina z tradycją. I że to nie może być prawda.

– Nie spytała, czy jestem szczęśliwy. – Mariusz się zamyślił.

– A jesteś?

– Myślę, że tak. Jak jesteśmy razem, to nie musimy rozmawiać, mnie wystarczy ta świadomość, że on jest w domu. Każdy robi swoje. Ale gdy nie ma Kamila w domu, czuję się źle, nic mi się nie chce, nawet gotować.

Kiedy myślę, czego mi brakuje, to właściwie tylko poprzedniej pracy. Nawet nie bycia nauczycielem religii, ale tych rozmów o Bogu, które były z tym związane. Przez wiele lat moja praca polegała na przybliżeniu ludziom Boga.

– A dziś?

– Dziś każdą modlitwę zaczynam od podziękowania Bogu za Kamila. Przez trzynaście lat co kilka dni powtarzamy sobie, że chcemy spędzić ze sobą życie. Jeśli są jakieś problemy, wątpliwości, staramy się stawić im czoło. Skoro wiesz, że masz na to także dużo czasu, jest łatwiej.

Imiona niektórych bohaterów zostały zmienione.

Dyrektor więzienia,
który chciał być więźniem

◆ Jego ruchy były tak szybkie, że więzień nie zdążył nawet wydobyć z siebie krzyku. W zakładzie panowała cisza, a dyrektor wymierzał Józefowi kolejne ciosy nożem: w twarz, szyję, ręce, ramiona.

◆ Już nic nie muszę! Jestem wolny. Zabiłem i dostanę dożywocie. Będę idealnym więźniem! Pomogę funkcjonariuszom i skazanym. Będę pracował w radiowęźle, puszczał skazanym muzykę.

◆ Dyrektor nadal tu mieszka. Czasem funkcjonariusze widzą, jak przychodzi i spogląda w kierunku naszego więzienia.

„Podaję Ci kod PIN do karty. Weź pieniądze. Przepraszam. Głosy w głowie każą mi to zrobić. Was nie mogę skrzywdzić. Oni wszyscy chcą mnie zabić. Andrzej". Taki list zostawił żonie Andrzej Górka, dyrektor Zakładu Karnego w Sztumie. Był 9 października 2011 roku.

Podpułkownik Andrzej Górka przychodził do pracy codziennie o 7.30. Nigdy się nie spóźniał. Ubierał się elegancko, lubił jasne marynarki i koszule. – Tym nasz dyrektor wyróżniał się spośród innych – mówi mi funkcjonariusz Zakładu Karnego w Sztumie. – Elegancja, kontrola, spokój. Zachowywał się jak anioł.

Tamtego dnia dyrektor miał wolne. Była niedziela, dzień wyborów do parlamentu. Andrzej Górka przyjechał do Zakładu Karnego około 10.30. Podwładni zauważyli, że był uśmiechnięty i rozluźniony. Powiedział, że chce zrobić obchód. Strażnik otwierał mu kolejne cele, a on pytał więźniów, jak przebiegają wybory i czy już głosowali. Później poprosił strażnika, by wrócił do swoich obowiązków i wziął klucz do celi numer czterdzieści sześć, w której przebywało dwóch więźniów – Wojciech oraz niepełnosprawny Józef, na wózku inwalidzkim. Wojciech poderwał się z łóżka, był zaskoczony wizytą dyrektora, zdarzyła się po raz pierwszy od dwóch lat. Dyrektor Górka spokojnym głosem poprosił Wojciecha, by wyszedł z celi. – Proszę iść trochę dalej, aby nie podsłuchiwać – dodał.

Przymknął za nim drzwi, wyjął nóż i poderżnął gardło Józefowi. Jego ruchy były tak szybkie, że więzień nie zdążył nawet wydobyć z siebie krzyku. W zakładzie nadal panowała cisza. Dyrektor wymierzał Józefowi kolejne ciosy nożem: w twarz, szyję, ręce, ramiona. Mężczyzna zmarł z wykrwawienia.

Po kilku minutach stojący na korytarzu Wojciech zauważył, że dyrektor Górka idzie w stronę pokoju oddziałowego. Wrócił więc do celi. Zobaczył Józefa we krwi, a na łóżku duży nóż z drewnianą rękojeścią.

Zielona herbata i głosy

Tymczasem Andrzej Górka usiadł w pokoju oddziałowym. – Proszę wysłać faks ze zdaniem: „Dyrektor zabił więźnia" – oznajmił. Kierownik działu ochrony spytał, czy dyrektor napije się herbaty. Przeprosił, że nie ma zielonej. Górka zawsze pił zieloną, a w pokoju była tylko owocowa. Dopiero gdy dyrektor usiadł z herbatą w ręku, kierownik spytał:

– Szefie, co się właściwie stało?

– Zabiłem skazanego.

– Wezwać lekarza?

– Po co? Nie jestem chory.

– To może psychologa?

– Przecież to ja jestem psychologiem.

Kierownik ochrony zadzwonił jednak do swojej córki, psychologa i terapeutki z pobliskiej Poradni Zdrowia Psychicznego w Sztumie. Karolina Szot przybiegła po kilkunastu minutach.

– Tato, co się stało? – spytała.

– To ja – odpowiedział dyrektor Górka. – Zabiłem skazanego.

Dyrektor patrzył w okno. Kołnierzem jasnej marynarki próbował zasłonić brunatne plamy na koszuli. Krew była też na spodniach. Karolina Szot poprosiła ojca, by wszyscy funkcjonariusze wyszli w pokoju.

– Ale ja nie chcę rozmawiać – zapowiedział dyrektor Górka.

Psycholog spytała więc dyrektora, jak należy parzyć zieloną herbatę. Pojaśniał na twarzy. Zaczął przekonywać, że nie powinna pić kawy, tylko herbatę parzoną przez trzy minuty. Opisywał, które rodzaje herbat są najzdrowsze. Uporczywie próbował przy tym zetrzeć z kolan brunatne plamy.

– Moja żona także jest terapeutką. Ale jej już nie ma. Chyba ją zabiłem – powiedział nagle.

Poprosił, by przekazała prokuratorowi, że oddziałowy nie jest niczemu winien, bo on schował nóż pod marynarką.

– Czy pan się boi? – spytała psycholog.
– Mogę bać się tylko głosów. Są przerażające! Przepraszam, może moje wypowiedzi nie są logiczne. Jakoś trudno mi się teraz skupić. Leki mi już nie pomagały.
– To pan brał leki? Jaką miał pan diagnozę?

Nagle dyrektor stał się radosny, uśmiechnięty: – Leki nie działały. Ale już nic nie muszę! Jestem wolny. Nie muszę już się kontrolować. Zabiłem i dostanę dożywocie. Będę idealnym więźniem! Pomogę funkcjonariuszom

i skazanym. Będę pracował w radiowęźle, puszczał skazanym muzykę. Jazz! Uwielbiam jazz. Nareszcie będę
miał czas na książki. Nadrobię wszystkie zaległości.
Może dostanę pracę w bibliotece? Fantastycznie! Zawsze
wiedziałem, że mogę żyć w celi. Wreszcie nie muszę
być psychologiem, dyrektorem.

Zachowywał się jak w euforii. Dyrektor wykrzy-
kiwał: – Głosy zaraz odejdą. I już nigdy nie będą mi
przeszkadzać. Tylko muszę trochę odpocząć.

– A jak wcześniej radził pan sobie z głosami?

– Pomagała muzyka klasyczna. Ale ostatnio sobie nie
radziłem. Najgorzej było na wyjeździe służbowym na
Litwę. To było osiemdziesięciolecie Zakładu Karnego
w Mariampolu. Głosy słyszałem prawie cały czas. Były
straszne. Ale jest pani pierwszą i ostatnią osobą, z którą
o tym rozmawiam. Dyrektor i psycholog przecież nie
może słyszeć głosów.

– Dlaczego zabił pan akurat tego skazanego?

Ale dyrektor już nie odpowiedział. Ponownie zastygł,
patrząc w okno.

Potem, gdy do pokoju weszli dwaj policjanci, serdecznie uściskał psycholog i spytał: – Czy pani mnie odwiedzi? Wtedy gdy posprzątam już swoją celę i wstawię kwiaty?

Myślami był gdzie indziej

Dyrektor Andrzej Górka został tymczasowo aresztowany pod zarzutem zabójstwa więźnia. Trafił do Aresztu Śledczego w Szczecinie, a jego sprawą zajęła się prokurator Adrianna Ziółkowska. Policja sprawdziła, że jego żona Swietłana była cała i zdrowa.

Kim był zabity więzień?

Niepełnosprawny sześćdziesięcioletni Józef odsiadywał wyrok za kradzieże. Niedawno zorientowano się, że ma zaburzenia psychiczne i powinien przebywać w szpitalu psychiatrycznym. Planowano go przenieść. Józef chciał też leczyć chory kręgosłup. Jego kolega z celi opowiadał prokuratorce, że już kilka lat temu funkcjonariusze obiecali mu przeniesienie w tym celu do więzienia w Łodzi. Któregoś dnia Józef wrócił do celi rozdrażniony. Mówił, że dyrektor Górka na pytanie o Łódź odpowiedział: „Pan nie przyjechał tutaj na leczenie czy odpoczynek, tylko zdechnąć". Od tego czasu Józef zaczął pisać na dyrektora skargi dotyczące braku możliwości leczenia. Ale nie on jeden. Wielu więźniów wysyłało podobne pisma. Nadal nie wiadomo, dlaczego dyrektor zabił właśnie jego.

Andrzej Górka studiował psychologię na Uniwersytecie Warszawskim, potem skończył jeszcze studia podyplomowe z zarządzania jednostkami penitencjarnymi w Poznaniu. Do służby więziennej wstąpił w 1987 roku. Po sześciu latach pracy jako psycholog został kierownikiem oddziału odwykowego w Sztumie. W 2002 roku – dyrektorem Aresztu Śledczego w Elblągu. Już tam opowiadał funkcjonariuszom o swoich problemach ze snem. Od 2005 roku był dyrektorem Zakładu Karnego w Sztumie. Miesiąc przed zabójstwem przeszedł badania profilaktyczne, w tym psychologiczne, które potwierdziły zdolność do pełnienia służby.

Ewa Orzechowska, sekretarka Andrzeja Górki, zeznała w prokuraturze:

– Dyrektor był obowiązkowy, uczynny, delikatny. Miałam wrażenie, że jako psycholog bardziej kontroluje emocje niż inni ludzie. Był bardzo poukładany. Przychodził punktualnie o 7.30. Sam parzył zieloną herbatę według specjalnej receptury. Później spotykał się z zastępcami. Jadł śniadanie, czytał gazetę, odbierał telefony. O 10.00 wychodził na oddział. Często rozmawiał z więźniami, sprawdzał, co się u nich dzieje. Wzbudzał sympatię, bo wszystkich traktował tak samo, niezależnie, czy był to sierżant, oddziałowy, kapitan. Czasem bywał zamyślony, smutny. Później nienaturalnie podniecony. Wtedy czegoś szukał, przystawał, zawieszał wzrok. Wykonywał ruchy głową, jakby coś słyszał. Wchodziłam do gabinetu, a on patrzył w okno. Gdy coś mówiłam, spoglądał na mnie, ale miał nieprzytomny wzrok.

Rygorystycznie pilnował diety. Jadł twarożki, jabłka, jogurty. Sztywno przestrzegał godzin posiłków. Lubił też ryby. Przyrządzałam je w domu i częstowałam go. Z czasem stało mu się to obojętne. Nawet zdrowe jedzenie nie sprawiało mu już przyjemności. Jakby miał jakiś problem.

Pamiętam, gdy parę lat temu strażnik Damian Ciołek z Sieradza zaczął strzelać z wieżyczki więziennej i zabił trzy osoby, rozmawialiśmy o tym z dyrektorem.

Powiedział, że policjanci i funkcjonariusze więzienni powinni być lepiej sprawdzani, bo ich psychika może nie wytrzymać takich stresów. Mówił, że jest za mało psychologów w zakładach karnych. Mimo że ten strażnik zabił trzy osoby, miałam wrażenie, że dyrektor go nie potępiał. Współczuł mu, że nie wytrzymał stresów w pracy i kłopotów w domu.

Krzysztof Wojewoda, dyrektor Aresztu Śledczego w Elblągu:

– W 2008 roku wróciłem do pracy w więzieniu w Sztumie, zostałem tam kierownikiem działu penitencjarnego. Wiele lat wcześniej Andrzej był w Sztumie moim przełożonym na oddziale terapeutycznym. Zauważyłem, że przez te lata się zmienił. Zawsze był introwertykiem, ale stał się jeszcze bardziej małomówny. Jego myśli krążyły gdzieś indziej. Nasze rodziny się przyjaźniły i kilka tygodni przed zabójstwem byliśmy razem na wakacjach w Chorwacji. Andrzej skarżył się, że miewa dziwne stany, ściskało mu żołądek, nie mógł tego znieść. Brał lek seronil na nerwicę i stany depresyjne. Po wakacjach poprosił, abym do niego przyjechał. Mówił, że ma myśli samobójcze. Lekarstwa już mu nie pomagały. Powtarzał, że piec nie grzeje, i to go przerosło, bo nie potrafi zadbać o ciepło w domu. Sugerowałem, żeby poszedł do lekarza lub pojechał do ośrodka w Cieplicach i wypoczął. Zadzwoniłem jeszcze następnego dnia. Prosiłem, by zmienił leki, bo przeczytałem na ulotce, że seronil może powodować stany lękowe.

Później słyszałem, że Andrzej rozmawiał z dyrektorem okręgowym służby więziennej w Gdańsku Jarosławem Kardasiem. Tłumaczył, że nie chce tego wyjazdu na Litwę. Nie wiem, co powiedział dyrektor, ale Andrzej zrozumiał, że ma jechać.

– Już wcześniej widziałem, że Andrzej jest dziwny – mówił Krzysztof Janiszewski, dyrektor Zakładu Karnego w Grudziądzu. – Na Litwie zwracałem na to uwagę kolegom. Nie reagował, gdy coś opowiadaliśmy. Pytałem, czy nic mu nie jest. Odpowiedział, że ma poważne problemy rodzinne. Na wieczornej imprezie z Litwinami podniósł kieliszek i wzniósł toast: „Zdrowie mojej najpiękniejszej i najmądrzejszej żony". Zachowywał się, jakby był w innym świecie. Nagle wstał, powiedział, że przeprasza za swoją małomówność i w zamian zaśpiewa nam piosenkę. Śpiewał: „Pije Kuba do Jakuba". Cała sala się śmiała.

Obecnie bez psychozy

Prokurator zleciła obserwację psychologiczno-psychiatryczną dyrektora Górki. Przeprowadzono ją na oddziale szpitalnym Aresztu Śledczego w Szczecinie. Nie sprawdzono jednak, czy psychiatrzy Jacek Afrykański, Dąbrówka Spertusiak-Rogoza oraz psycholog Helena Wódecka znali się wcześniej prywatnie z dyrektorem, jego żoną lub córką, także psychologami.

Po czterotygodniowej obserwacji biegli stwierdzili: „Andrzej Górka był chory psychicznie – rozpoznajemy u niego psychozę określaną w psychiatrii jako epizod depresji ciężkiej z objawami psychotycznymi. W czasie zarzucanego mu czynu miał zniesioną zdolność rozpoznania czynu i pokierowania swoim postępowaniem. Obecnie ma objawy zespołu depresyjnego bez objawów psychotycznych. Stan psychiczny nie wskazuje na wysokie prawdopodobieństwo ponownego popełnienia czynu zabronionego wynikającego z jego choroby psychicznej".

Powołując się na opinię biegłych, prokurator Ziółkowska uchyliła areszt w marcu 2012 roku, czyli zaledwie po kilku miesiącach od zabójstwa. W czerwcu umorzono śledztwo. Prokurator uzasadniła umorzenie „brakiem winy w przypadku niepoczytalności sprawcy" oraz brakiem „niebezpieczeństwa sprawcy dla porządku publicznego".

Andrzej Górka wrócił do domu i zaczął ubiegać się o emeryturę. Jako dyrektor zarabiał siedem i pół tysiąca złotych miesięcznie. Mógł zatem otrzymać siedemdziesiąt pięć procent tej kwoty lub nawet więcej, jeśli okazałoby się, że praca wpłynęła na jego stan zdrowia. Pułkownik Lesław Kijowski, dyrektor Centralnego Biura Emerytur Służby Więziennej, nie chce udzielić mi informacji na temat emerytury dyrektora Górki, twierdząc, że jej wysokość objęta jest tajemnicą.

Biegli sądowi ważniejsi niż sędzia

– To niezwykle kontrowersyjna opinia biegłych – nie może się nadziwić doświadczony prokurator. – Nigdy nie spotkałem się ze sprawą, w której biegli napisaliby, że zabójca, który nie działał w obronie własnej, nie stanowi zagrożenia dla porządku publicznego. Miałem przypadek, że człowiek skazany za kradzieże dostał bardzo dziwną opinię od biegłych: twierdzili, że powinien być wypuszczony z aresztu. Powołałem nowych biegłych. A oni wprost zmasakrowali poprzednią opinię. Bardzo trudno jest udowodnić, że biegły wziął łapówkę lub że pozostaje w jakimś układzie towarzyskim, ale i takie sytuacje się zdarzają i prokurator musi być czujny. Zdajemy sobie sprawę, że psychologowie i psychiatrzy mają w Polsce większą władzę niż sędzia. To oni decydują, czy człowiek spędzi całe życie w więzieniu, jak strażnik Damian Ciołek, parę lat w szpitalu psychiatrycznym, a może zupełnie uniknie kary, jak Andrzej Górka. Jeśli już na etapie postępowania przygotowawczego umarza się śledztwo i stwierdza, że skazany nie jest zagrożeniem, wtedy nie ma nad nim żadnej kontroli. Nie można nawet sprawdzić, czy stosuje się do zaleceń biegłych, chodzi na terapię, zażywa leki. Równie dobrze może wyjechać z Polski bez jakiejkolwiek terapii. W takiej sprawie są dwa możliwe rozwiązania. Albo Górka nie miał objawów choroby psychicznej, przyszedł do pracy i zabił – wtedy powinien dostać dożywocie. Albo większość funkcjonariuszy zauważyła, że coś się z nim dzieje, był chory i wówczas nie powinien zostać skazany za zabójstwo, ale trafić do szpitala psychiatrycznego. I w takiej sytuacji to funkcjonariusze powinni odpowiedzieć za brak odpowiedniej reakcji, czyli niedopełnienie obowiązków. Należałoby sprawdzić raporty wewnętrzne służby więziennej.

Sprawdzam. Rzeczywiście, raport służby więziennej dla ministra sprawiedliwości Krzysztofa Kwiatkowskiego, sporządzony przez generała Jacka Włodarskiego, podpułkownika Andrzeja Majcherczyka oraz porucznika Tomasza Zająca, różni się znacznie od tego, co można znaleźć w aktach prokuratorskich. W aktach funkcjonariusze opowiadają o licznych objawach choroby psychicznej dyrektora. W raporcie czytamy zaś: „Zdarzenia nie można było przewidzieć ani mu zapobiec. W działaniach podpułkownika Górki poprzedzających zdarzenie żaden z funkcjonariuszy nie zauważył nic niezwykłego, co mogłoby sygnalizować, że z dyrektorem dzieje się coś niepokojącego".

Psycholog: Chciał uciec z tego świata

– Naprawdę nie było procesu o zabójstwo? – dziwi się psycholog Karolina Szot, która rozmawiała z dyrektorem chwilę po zabójstwie. Spotykamy się w jej gdyńskiej poradni. – Przecież biegli muszą sobie zdawać sprawę, że stan psychotyczny może wrócić. Psychoza to stan, w którym umysł nie postrzega prawidłowo rzeczywistości. Chory może wierzyć, że ktoś chce mu zrobić krzywdę. Ma halucynacje, słyszy głosy. A wiele tygodni przed stanem psychotycznym występują objawy: chory odsuwa się od otoczenia, próbuje zagłuszyć głosy, nie reaguje na pytania. Często ma bóle żołądka, czuje nieuzasadniony lęk. Nie istnieje stan psychotyczny, o którym możemy powiedzieć, że już nigdy się nie pojawi – tłumaczy Karolina Szot. – Jeśli biegli zamiast leczenia zamkniętego zalecili leki i leczenie psychiatryczne w warunkach ambulatoryjnych, to ważne, czy ktoś to sprawdza. Kurator? Bo tylko przy leczeniu można mówić o mniejszym prawdopodobieństwie ponownej choroby. Andrzejowi Górce potrzebna jest fachowa pomoc psychologów klinicznych.

U człowieka tak zaburzonego służba więzienna musiała zauważyć objawy wiele lat temu. Nie mogę uwierzyć, że nikt nie zareagował, nie zgłosił. Z taką chorobą ten człowiek nigdy nie powinien znaleźć się na stanowisku dyrektora zakładu karnego. Według mnie dyrektor żył w głębokim stresie, przerosła go rola zawodowa. Pamiętam, że był skrajnie wyczerpany i zadowolony, że dzięki zabójstwu wreszcie zmył z siebie grzech czy brud. Chciał uciec z tego świata, a zabójstwo było do tego przepustką. Gdy zobaczył policjantów, widziałam, że poczuł ulgę – cały ten teatr i jego rola dyrektora więzienia się wreszcie skończyły. Prawidłowo przeprowadzone testy psychologiczne prawdopodobnie pokazałyby u niego głęboki perfekcjonizm w kontraście ze skrajnie niską samooceną. Miałam nadzieję, że Andrzej Górka trafił do szpitala psychiatrycznego, w którym psycholodzy kliniczni prawidłowo go zdiagnozowali i zadbali o sposób leczenia na wiele lat. Jeśli śledztwo umorzono, nad tym człowiekiem nie ma żadnej kontroli. Jeśli nie podda się leczeniu, może stanowić zagrożenie, także dla bliskich.

Biegli: Mamy prawo do tajemnicy

Pytam psycholog Helenę Wódecką, jedną z biegłych, którzy przeprowadzili ekspertyzę dla prokuratury, na jakiej podstawie zespół opiniujący stwierdził, że osoba z depresją psychotyczną już więcej nie zabije.

– Obowiązuje mnie tajemnica zawodowa – stwierdza.

– Nie pytam o życie osobiste pacjenta. Pytam, skąd pewność, że człowiek, który zabił, po bardzo krótkim czasie nie stanowi już zagrożenia dla porządku publicznego.

– Zaznaczyliśmy, pod jakimi warunkami psychoza się nie powtórzy. Andrzej Górka musi się leczyć, mieć wsparcie terapeutyczne, farmakologiczne, pomoc rodziny. Wtedy prawdopodobieństwo kolejnego zabójstwa jest niewielkie.

– Ale jeśli nie trafi do szpitala psychiatrycznego, nikt nie skontroluje, czy stosuje się do tych zaleceń.

– Proszę się zwrócić do psychiatrów, którzy tworzyli tę opinię, bo to oni odpowiadają za część dotyczącą ewentualnego zagrożenia – kończy biegła psycholog.

Pytam więc psychiatrę Dąbrówkę Spertusiak-Rogozę, ile czasu poświęciła na obserwację Andrzeja Górki, zanim podpisała opinię.

– I pani myśli, że ja będę o tym rozmawiać? – oburza się.

– Chcę porozmawiać o metodach badania zabójców.

– Mam prawo do tajemnicy. Kodeks karny jasno opisuje, jak wyglądają obserwacje. Obserwacja zabójcy niczym się nie różni od obserwacji sprawcy wykroczenia.

– Czyli w przypadku wykroczenia i morderstwa prowadzi się taką samą obserwację psychiatryczną?

– Nie chcę z panią rozmawiać na takie tematy. Uważam, że zadawanie takich pytań to nadużycie na mojej osobie.

– A czy jako psycholog miała pani kiedykolwiek kontakt z żoną albo córką Andrzeja Górki, które też są psychologami?

Wtedy biegła odkłada słuchawkę. Wysyłam jej to pytanie jeszcze raz esemesem, ale nie odpowiada. Trzeci biegły, dr Jacek Afrykański, również nie chce ze mną rozmawiać.

Rzecznik: Prokurator nie miała wątpliwości

– Doświadczony prokurator mówił mi, że gdyby zobaczył tak kontrowersyjną opinię, powołałby kolejny skład biegłych – mówię do prokurator Adrianny Ziółkowskiej prowadzącej sprawę.

– Nie wiem, w jakim trybie powołałby ten skład, bo kodeks karny tego nie przewiduje. Ale odmawiam rozmowy z panią.

Kontaktuję się wobec tego z zastępcą rzecznika Prokuratury Okręgowej w Gdańsku Ewą Burdzińską, która konsultuje z prokurator Ziółkowską odpowiedzi i rozmawia w jej imieniu.

Pytam:

– Czy opinia nie budziła żadnych wątpliwości pani prokurator? Jak można mieć pewność, że ten człowiek kolejny raz nie zabije?

– Po przesłuchaniu biegłych prokurator uznała, że opinia nie budzi wątpliwości. Na temat tego, czy podejrzany może ponownie zabić, wypowiadają się biegli. Więc to ich powinna pani spytać, skąd takie przekonanie. Gdyby prokurator uznał, że opinia jest niespójna, nielogiczna, powołałby inny zespół biegłych, bo taką możliwość daje artykuł 203 kodeksu karnego.

– Czyli prokurator miała taką możliwość?

– Oczywiście, sama niedawno zakwestionowałam opinię biegłych w sprawie, którą prowadziłam. Ale prokurator Ziółkowska uznała opinię w sprawie Andrzeja Górki za spójną i logiczną.

– Czy obserwacja w areszcie śledczym, biorąc pod uwagę to, że dyrektor był funkcjonariuszem więziennym i psychologiem, jest dobrym pomysłem? – pytam. – Czy prokuratura sprawdziła, czy biegli nie znali Andrzeja Górki lub jego rodziny na gruncie zawodowym?

– To rutynowe działanie. Gdyby biegli psychiatrzy lub psycholog uznali, że zachodzi jakaś okoliczność podważająca ich opinię, na pewno sami wyłączyliby się ze sprawy.

– Kto kontroluje, czy Andrzej Górka bierze leki? Ma kuratora?

– W momencie umorzenia postępowania prokurator nie ma instrumentu prawnego, który pozwoliłby na ingerowanie w życie byłego podejrzanego – odpowiada pani rzecznik. – Nie może zatem wiedzieć, czy bierze leki.

– A czy człowiek, który zabił pod wpływem psychozy, powinien na przykład prowadzić samochód?

– Analogiczna odpowiedź. Prokurator nie może ograniczać życia człowieka, wobec którego umorzył postępowanie. Andrzej Górka to wolny człowiek.

Profesor: Biegli z łapanki

– Opinia biegłych w tej sprawie budzi wątpliwości – mówi mi profesor Janusz Heitzman, kierownik Kliniki Psychiatrii Sądowej w Warszawie. – Nie badałam dyrektora, więc nie mogę stwierdzić, czy jest on poczytalny. Natomiast nie wierzę, że w ciągu czterech tygodni obserwacji zabójca został wyleczony z depresji psychotycznej. To absurd. Poza tym biegli mogą mówić o wysokim prawdopodobieństwie, że dyrektor więcej nie popełni przestępstwa, ale oni nie wiążą prokuratorowi rąk. Prokurator, aby znieść środek zapobiegawczy w postaci instytucji zamkniętej, musi mieć pewność, że ten człowiek nie zabije. Prawdopodobieństwo nie wystarczy. Należało zastosować taki środek zapobiegawczy, by zmusić tego człowieka do leczenia i kontrolować je. Przy zabójcy, który działa w stanie psychotycznym, nie ma mowy o dobrowolnym leczeniu.

Wielu zabójców jest chorych psychicznie. Niedawno stwierdzono niepoczytalność u mężczyzny, który zabił matkę – prokuratorkę z Krakowa. Chory psychicznie był także człowiek, który spowodował tragedię na sopockim molo, oraz mężczyzna, który w 2010 roku poćwiartował swojego ojca, wiceministra transportu. Według mnie istnieje wiele przesłanek, że Kajetan P. także jest zaburzony psychicznie i może zostać uznany za chorego.

Pamiętajmy też, że w Polsce nie ma ustawy o biegłych i tak naprawdę nie istnieje zawód biegłego. To ludzie z tak zwanej łapanki. Prokurator lub sąd wybiera dostępnego biegłego i prosi o opinię. Jeśli biegły czuje, że jego kwalifikacje są zbyt małe, to powinien odmówić. Niestety, nie ma w kraju wielu psychiatrów, którzy opiniują z zachowaniem najwyższych standardów.

– Sprawa dyrektora ze Sztumu potwierdza przekonanie społeczne, że jeśli jesteś funkcjonariuszem publicznym, masz znajomości, to aparat sprawiedliwości nie tylko cię nie skaże, ale jeszcze utuli – mówi mi pedagog resocjalizacyjny, profesor nauk społecznych Marek Konopczyński. – Takie przekonanie jest bardzo niebezpieczne dla państwa, bo demoralizuje społeczeństwo, pogłębia podziały na lepszych i gorszych. Za przygotowane zabójstwo, czyli pozbawione afektu, zwykle wymierza się karę dożywocia lub dwudziestu pięciu lat więzienia, niekiedy zmniejsza się ją do piętnastu lat. W przypadku niepoczytalności zabójca powinien spędzić dłuższy czas w zakładzie psychiatrycznym. Jestem absolutnie pewien, że podczas czterotygodniowej obserwacji na oddziale psychiatrycznym aresztu śledczego nic da się określić wysokiego prawdopodobieństwa, że człowiek ponownie nie zabije. To jest pewna iluzja, którą karmi nas wymiar sprawiedliwości.

Eksdyrektor patrzy na więzienie

– W przeludnionych więzieniach pracownicy działają w ciągłym stresie – broni funkcjonariuszy socjolog i były szef więziennictwa Paweł Moczydłowski. – Wiedzą, że nie są w stanie zapanować nad więźniami. Jeśli stres w pracy pokrywa się z problemami w domu, może dojść do tragedii. Tacy ludzie nie dostają na czas pomocy dobrego psychologa, bo drugim problemem więziennictwa jest kumoterstwo. Mówi się, że to służba rodzinna. Psychologów często przyjmuje się po znajomości, a nie ze względu na kompetencje. I oni często ich nie mają. Zatłoczone więzienia zmieniły się w Polsce w zakłady psychiatryczne. Funkcjonariusze po latach pracy to często emocjonalne wraki. Ale Ministerstwu Sprawiedliwości jakoś trudno to wszystko zauważyć.

– Nasze środowisko uważa, że dyrektor Górka powinien przebywać w zakładzie karnym lub w szpitalu psychiatrycznym, i odcina się od niego – mówi mi funkcjonariusz Zakładu Karnego w Sztumie. – Nie zapraszamy go, jak innych emerytowanych dyrektorów, na obchody, święta czy wystawę sztuki więziennej. Dyrektor Górka nadal tu mieszka, słyszałem, że opiekuje się dzieckiem córki. Czasem funkcjonariusze widzą, jak przychodzi i spogląda w kierunku naszego więzienia.

Chciałam porozmawiać z Andrzejem Górką osobiście. Taksówkarz na dworcu w Malborku od razu wiedział, dokąd jechać. – Wszyscy wiedzą, gdzie mieszka. Kupił dawną rezydencję burmistrza. Czy gdyby nie był zamożny, a jego żona nie pracowała jako psycholog, to dałoby się to zabójstwo zamieść pod dywan? – zastanawia się.

Drzwi otwiera mi żona Swietłana. Przez wiele lat była zatrudniona w elbląskiej policji, dosłużyła się stopnia nadkomisarza. Proszę o rozmowę z mężem. Odpowiada:

– Proszę zostawić numer telefonu i nazwę gazety. Ale myślę, że mąż odmówi, bo nie jesteśmy zadowoleni, że ta sprawa zostanie opisana.

Andrzej Górka nie oddzwania.

Ostatni Klezmer

◆ Kazano mi rozebrać się do naga, stać na środku stołu między półmiskami i grać. Jeden z esesmanów zapalił świeczkę i wsadził mi ją w odbyt. Inni odpalali od niej papierosy. Grałem. Nie mogłem pozwolić sobie na śmierć. Byli jeszcze matka i brat.

◆ Przystawiłem sobie pistolet do głowy. I nagle ktoś strzelił mnie w mordę. – Nie po to się uratowałeś – krzyknął.

◆ W marcu 1968 roku nagle stwierdzono, że mam „skrzywiony kręgosłup", i skierowano mnie do rezerwy.

Justyna Kopińska:

– Pianino stoi tuż obok drzwi…

Leopold Kozłowski:

– …w saloniku. Pianino nie powinno stać w sypialni, a chcę je mieć jak najbliżej. Rano muszę chwilę zagrać. Dziesięć, piętnaście minut i mi przechodzi.

– Co przechodzi?

– Strach. Brak tchu. Bo w nocy ciągle wspomnienia wracają. Hitlerowcy zmuszają mnie do gry na akordeonie, gdy patrzę na śmierć przyjaciół. Wydaje się, że to trwa godzinami. Dlatego każdego ranka chwilę gram i znów zaczynam żyć.

– Grał pan na akordeonie dla zabijanych?

– Nie, najgorsze, że grałem dla tych, którzy zabijali. To było w obozie w Kurowicach niedaleko Lwowa. Liczył jakieś dwieście osób, z których część pracowała w kamieniołomach. Przez całą wojnę dzięki muzyce mogłem coś załatwić dla mamy czy brata. Niemcom byłem potrzebny, by grać na pijackich imprezach esesmanów.

Któregoś dnia podszedł obozowy kapo. – Masz nie jeść nic przez dwa dni – powiedział. W sobotę wieczorem miałem stawić się na „ucztę". Kazano mi rozebrać się do naga, stać na środku stołu między półmiskami i grać

Wszystko przemija, wszystko przechodzi, ale po każdym grudniu następuje maj. Instrument ciążył jak głaz. Ważyłem jakieś czterdzieści kilo, a Niemcy wybrali najcięższego hohnera, akordeon z domu komendanta. Wokół jedzenie, piana zebrała mi się przy ustach. Jeden z esesmanów zapalił świeczkę i wsadził mi ją w odbyt. Inni odpalali od niej papierosy. Grałem. Nie mogłem pozwolić sobie na śmierć. Byli jeszcze matka i brat.

– A ojciec?

– Mieszkaliśmy w Przemyślanach, pięćdziesiąt kilometrów od Lwowa. W listopadzie 1941 roku Niemcy zarządzili rejestrację mężczyzn na podwórku gimnazjum. Tato coś przeczuwał, powiedział: „Wiesz co, nie idź. Schowaj się. Ja pójdę". Już nie wrócił. Matkę rozstrzelano później w obozie w Kurowicach.

– Co się stało z bratem?

– Udało nam się uciec z obozu, dołączyliśmy do żydowskiego oddziału partyzanckiego Abrama Bauma „Bunia". Pomagaliśmy mieszkańcom Hanaczowa, polskiej wsi oddalonej o trzydzieści kilometrów od Lwowa. Ukrywało się tam około trzydziestu Żydów, dla których chłopi wykopali bunkry i zdobywali żywność. Ukraińscy nacjonaliści najpierw donosili do gestapo, że w Hanaczowie ukrywa się Żydów, a gdy Niemcy nie odkryli bunkrów, wiosną 1944 roku wieś została zaatakowana przez Ukraińską Armię Powstańczą. Nasz oddział zmusił UPA do odwrotu, wielu mieszkańców Hanaczowa udało się uratować.

Brata nie było wówczas z nami, miał gangrenę, został w lesie z innymi rannymi. Banderowcy napadli na nich. Pocięli Dolka siekierą. Gdy wróciłem, usłyszałem tylko: „Szeregowiec Kleinman. Nie możemy wam pokazać ciała brata ze względu na drastyczność tego morderstwa".

– Wrócił pan do domu rodzinnego, do Przemyślan?

– Wróciłem w 1944 roku Rozejrzałem się. Pustka. Przystawiłem pistolet do głowy. I nagle ktoś strzelił mnie w mordę. – Nie po to się uratowałeś – krzyknął. To był Tadeusz Klimko. Mój przyjaciel z oddziału leśnego. Przedwojenny mistrz lwowskiej Pogoni w pływaniu. Nie wiem, skąd się tam wziął. Zabrał mnie do Lwowa, do swojego mieszkania. Jego matka otworzyła szafę i powiedziała: „Połowa jest Tadzia, a połowa twoja. Dla mnie jesteś synem".

Z Tadziem wstąpiliśmy ochotniczo do sanitarnego batalionu VI Dywizji Wojska Polskiego. Przy sztabie założyłem Teatr Frontowy. Graliśmy żołnierzom, kiedy nie było nalotów. Przeszedłem z batalionem cały front aż do Łaby. Później wróciliśmy do Krakowa.

– I został pan...

– To był zupełnie inny Kraków... Kazimierz głuchy, pusty. Jak zawsze miałem przy sobie akordeon. Zagrałem *Mein Idische Mame*.

Wciąż byłem w wojsku. Mieszkałem przy ulicy Długiej 44, na kwaterze. Kawalerka, trzecie piętro. Miałem wysokie buty, zawsze wyczyszczone. Używałem wody „Ja i Ty" za sześć złotych. Podobałem się kobietom.

Ale tę właściwą spotkałem na Długiej. Była piękna. Nic o niej nie wiedziałem, ale powiedziałem sobie: „Już mi nie uciekniesz". Czułem się samotny. Nie miało znaczenia, czy jest Żydówką, jaki ma zawód, kim są jej rodzice. Wtedy nie było jeszcze tych kawiarni na Kazimierzu czy Rynku. Spotykaliśmy się u niej lub u mnie. Pobraliśmy się po dwóch tygodniach. Przeżyliśmy razem pięćdziesiąt pięć lat. Nigdy nie myślałem o rozwodzie. Koledzy artyści mieli po cztery żony, a ja zawsze wracałem do mojej. Była tolerancyjna. Wiedziała, że kobiety są w moim życiu ważne.

Trzy lata po wojnie założyłem pierwszy w polskim wojsku amatorski zespół pieśni i tańca. Kiedy na jednym z festiwali zdobyliśmy pierwsze miejsce, zaproponowano mi stworzenie zawodowego zespołu. Od tej pory kierowałem Zespołem Pieśni i Tańca Krakowskiego i Warszawskiego Okręgu Wojskowego.

– I tak do 1968 roku...

– Rangą doszedłem do podpułkownika. Mnóstwo nagród, festiwali. W marcu 1968 nagle stwierdzono, że mam „skrzywiony kręgosłup", i skierowano mnie do rezerwy. Przyjaciele bali się o własną skórę i nie bardzo mogli pomóc. Przestałem występować na scenie, w telewizji, w radiu. Proszę sobie wyobrazić człowieka, który od rana miał wypełnioną każdą minutę i nagle... Czytałem artykuły, widziałem wystąpienia polityków. Ludzie, którzy przeżyli wojnę, wiedzą, że między słowem a czynami granica jest niewielka. Zaczęły powracać wspomnienia. Przez osiem miesięcy leżałem na oddziałach neurologii.

Jak zawsze pomogła muzyka. Na schodach w Hotelu Europejskim spotkałem Wojtka Młynarskiego. Poprosił mnie o napisanie muzyki do *Tak jak malował pan Chagall*. Zna to pani?

– W wykonaniu Edyty Geppert...

– ...kilka dni później Wojtek przyjechał do Krakowa, pomagał mojej żonie obierać ziemniaki na placki, kiedy ja kończyłem muzykę. Ten nasz protest przeciwko marcowym wydarzeniom nie mógł być wtedy śpiewany w Polsce, ale słuchały go osoby z „biletem w jedną stronę" na całym świecie. Znów czułem się potrzebny.

– Dlaczego pan został?

– Jestem Polakiem. Lubię śliwowicę, golonkę, kiełbasę wiejską, polskie żarty i wspomnienia. Wielokrotnie miałem propozycje pracy w Izraelu lub Stanach Zjednoczonych, ale klezmer musi żyć w świecie, który na niego działa, który jest mu najbliższy.

Na początku lat siedemdziesiątych prowadziłem cygański zespół Roma. Koncertowaliśmy na całym świecie, nawet w sali Rady Bezpieczeństwa ONZ. Ale to nie wystarczało muzykom. Wyjechali na koncert do Finlandii, podczas którego trzydzieści osób uciekło do Szwecji. Nie znali szwedzkiego, wkrótce przestali koncertować. Parę lat później zadzwonił do mnie jeden z muzyków, że zespół się rozpadł. Życzyłem im jak najlepiej. Ale przecież nie wolno tak po prostu uciekać od korzeni. W muzyce potrzeba przede wszystkim prawdy.

– Tej prawdy można nauczyć?

– Prowadziłem warsztaty w Ameryce i w Niemczech. Często najlepsi studenci nie potrafili zagrać tak, aby to zabrzmiało klezmersko. Melodia nie może być zagrana, ale opowiedziana. Klezmer muzyką opowiada historię swojego narodu. Dlatego wejść na dźwięk trzeba „krechcem", zaśpiewem. Skończyłem konserwatorium we Lwowie i w Krakowie, ale podczas gry najbardziej liczy się moje dzieciństwo.

– Co pan zapamiętał?

– Pierwsze dźwięki, które mnie oczarowały. Pochodziły z zakładu szewskiego Szyje Cymblera. To był chudy, wysoki mężczyzna z długą czarną brodą, w wypłowiałym fartuchu. Prawą ręką układał materiał na maszynie, a w lewej trzymał pałeczki, którymi uderzał w cymbałki położone na małym stoliku. Miałem kilka lat, gdy uczył mnie gry. Uszyto mi specjalne szlufki na palce, abym mimo małych rączek mógł objąć pałeczki. Od tej pory spędzałem w zakładzie szewskim każdą chwilę, uderzając pałeczkami w struny cymbałków.

Wszyscy w Przemyślanach wiedzieli, że będę klezmerem. Mój dziadek Pejsach Brandwein grał dla Franciszka Józefa i marszałka Piłsudskiego.

Tata kontynuował tradycję. Na Bazarnej, w naszym domu w Przemyślanach, odbywały się próby jego kapeli klezmerskiej. Przychodził Anczel, klarnecista, prywatnie krawiec. Obok Dudzio Brandwein grał na kontrabasie. Na cymbałach Szyje Cymbler, którego nie odstępowałem na krok. Następnie Sale Seklerem, skrzypek oraz fryzjer. Ostatni zwykle pojawiał się Herszele Dudlzak, bębnista i baletmistrz, który w Przemyślanach miał własną szkołę tańca.

– Większość muzyków miała także drugi fach...

– ...ale ten drugi świat zanikał, kiedy zaczynali grać.

Gdy miałem osiem lat, zacząłem lekcje gry na fortepianie u pani Hawronowej, Ukrainki, która mieszkała w centrum Przemyślan i jako jedyna uczyła gry na tym instrumencie. Fortepian stał w drewnianej izbie, do której czasem wpadały kury. Już wtedy zastanawiałem się, jak to możliwe, że gdy pani Hawronowa gra na fortepianie, świat nagle się zmienia? Myślałem: „Skąd to się bierze? Przecież nie z tych spracowanych rąk, które podsypują kurom ziarna".

Zasypiałem, marząc, że będę podziwianym muzykiem. Wierzyłem, że urodziłem się w najlepszym z możliwych światów.

W latach trzydziestych Przemyślany zamieszkane były w pięćdziesięciu procentach przez Żydów, w trzydziestu pięciu przez Polaków i w piętnastu przez

Ukraińców. W sobotę był szabas, Żydzi zamykali sklepy. Istniały jeszcze dwa sklepy nieżydowskie, ale właściciele też je zamykali. Za to w niedzielę Żydzi nie handlowali ze względu na chrześcijan. Czułem spokój, do którego zawsze wracałem przy komponowaniu muzyki.

– Do muzyki żydowskiej wrócił pan w latach siedemdziesiątych jako kierownik Teatru Żydowskiego w Warszawie.

– Odtąd prawie wszystkie ich spektakle były muzyczne: *Było niegdyś miasteczko, Tak jak u Chagalla, Pieśń o zamordowanym narodzie, Wśród walących się ścian*. Zacząłem także komponować muzykę do filmów, jak *Austeria* Kawalerowicza czy *I skrzypce przestały grać* Ramatiego. Jako konsultant muzyki gettowej współpracowałem ze Stevenem Spielbergiem, który zaproponował mi też rolę w *Liście Schindlera*. Wspólnie z krakowskim aktorem Jerzym Nowakiem graliśmy żydowskich inwestorów, którzy dają Schindlerowi pieniądze na założenie fabryki. Miałem wiele obaw, czy mogę bez doświadczenia aktorskiego wystąpić w tak ważnym filmie. Spielberg powiedział tylko: „Leopold, ty nie graj. Ty bądź sobą!".

– Mówią o panu „ostatni klezmer w Polsce".

– Pod koniec lat osiemdziesiątych rozpocząłem koncerty muzyki klezmerskiej. W restauracji Ariel na krakowskim Kazimierzu. Zaproponował mi to właściciel Wojtek Ornat, który teraz prowadzi Klezmer Hois, mój drugi dom.

Szybko znalazłem odpowiednich ludzi do zespołu: Jacka Cygana, Sławę Przybylską, Martę Bizoń, Kasię Jamróz, Renatę Świerczyńską, Andrzeja Roga, Kasię Zielińską, Kamilę Klimczak, Halinę Jarczyk... Razem koncertujemy. Zawsze wierzyłem, że praca przedłuża życie. Podobnie jak życie w mieście, do którego przyjeżdża mnóstwo znajomych.

Parę lat temu siedzimy z Jackiem Cyganem przed Klezmer Hois, przy stołach przykrytych koronkowymi obrusami. I pojawia się Juda Frankel z Tel Awiwu. Przyjechał na Kazimierz w poszukiwaniu żydowskich dzieł sztuki. Przysiadł się do nas. Jedną rękę miał zupełnie bezwładną. Ślad po torturach w obozie w Płaszowie. Znaliśmy go z opowieści o przedwojennym Krakowie. Urodził się i wychował przy ulicy Józefa. Potrafił dokładnie wymienić, kto mieszkał pod każdym z numerów przy Szerokiej. Mówił też, gdzie na Kazimierzu znajdowały się najlepsze prostytutki i kto do nich chadzał.

Ale tego dnia nie było opowieści. „Przypomniał mi się dziś w nocy hymn krakowskiego getta – powiedział. –

Możliwe, że ludzie, którzy go znali, już nie żyją. Zaśpiewam wam, a wy to przechowajcie".

Gdy Jacek Cygan zapisywał słowa hymnu, Juda dodał: „Zapisz też, że za śpiewanie tego hymnu mój kolega Henryk Griwald został wywieziony do Auschwitz!". Wtedy kelnerka przyniosła zamówioną gefilte fisz. Pomyślałem, że ten świat zniknie na naszych oczach, jeśli nie będziemy pilnować słów i muzyki. I to jest zadanie klezmera.

– W Klezmer Hois ma pan swój stolik, do którego ciągle przysiadają się znajomi.

– Dobrze mieć swoje miejsce wśród ludzi. Moja żona zmarła dziesięć lat temu. Mam córkę Martę, która mieszka w Krakowie. Ukończyła Akademię Muzyczną. Jest wybitną znawczynią ustawień głosu, przygotowuje aktorki do ról śpiewanych w teatrze. A Klezmer Hois stał się moim drugim domem. Nie lubię innych restauracji. Skończyłem już dziewięćdziesiąt lat. Moje myśli ciągle gdzieś krążą, uciekają. Nie zawsze mam ochotę rozmawiać. Podobnie jest z muzyką – aby była prawdziwa, ta sama piosenka wykonywana jest w inny sposób rano i wieczorem.

– Dlaczego myśli uciekają?

– Bo świat wytwarza tyle zgiełku, chaosu. Łatwiej uciec do wspomnień. Ale chaos można pokonać. Gdy Marta

Bizoń śpiewa dla mnie *Bo on jest klezmer* lub Kasia Jamróz *Ta jedna łza*, wtedy jestem całkowicie obecny. I żyję.

Mam też miejsca, które pobudzają dobre myśli. Dawne Przemyślany, które wyglądały jak z obrazów Chagalla, to obecnie Chmielnik w Świętokrzyskiem. To jest mój sztetl. Chmielniczanie dbają o każdy szczegół z dawnych lat. Przed wojną w Chmielniku była hodowla gęsi, dlatego na cudownie odbudowanym rynku znajduje się „gęsia studnia". W czasie okupacji naziści doszczętnie zniszczyli cmentarz z pochowanymi tam około dwustoma pięćdziesięcioma Żydami. Mieszkańcy go ogrodzili i uporządkowali. Umieszczono tam odzyskane nagrobki.

Wiem, że młodzież wychowana w Chmielniku będzie patrzyła na drugiego człowieka bez podejrzeń. Dla mnie nigdy nie miało znaczenia, czy ktoś jest katolikiem, żydem, buddystą, ateistą. Może dlatego, że wychowałem się w Przemyślanach. Z Jackiem Cyganem napisaliśmy piosenkę *Shalom Chmielnik* – dla ludzi, którzy zrozumieli, że historia Żydów jest także ich historią. W dni Spotkań z Kulturą Żydowską w Chmielniku gospodynie robią żydowskie potrawy, a dzieci wystawiają przedstawienia teatralne. Burmistrz zadbał także, aby odbudowano synagogę. Będzie w niej sala modlitw ze szklaną bimą, jedyny taki projekt na świecie.

Moich bliskich zamordowano, synagogę w Przemyślanach spalono. Odbudują mi ją w Chmielniku.

———————◆———————

LEOPOLD KOZŁOWSKI, *ur. 26 listopada 1918 roku w Przemyślanach – polski pianista, kompozytor, dyrygent, zwany „ostatnim klezmerem Galicji".*

Ile mamy trupów w szafach?

◆ Zamordowano młodc małżeństwo. Ale prokuratura wszczęła tylko sprawę o kradzież samochodu. Trzy lata później mordercy zabili kolejną parę.

◆ Wozili ich długo samochodem. W końcu przywiązali jeszcze żywego Pawła do dwóch drzew w lesie. Ciało Małgosi położyli obok i odjechali. Zatrzymano ich dwa dni później. Mieli wypadek i nie umieli wytłumaczyć, dlaczego samochód jest cały we krwi.

◆ W 2007 roku Zakład Karny w Rzeszowie zawiadamia policję, że jeden z więźniów przechwala się, iż zna zabójców. Ale dopiero trzy lata później sprawdzono, o kim mówił więzień. Zabójcę zatrzymano po kolejnych czterech latach.

Na Romana i Tobiasza sąsiedzi wołali diabły. Bo nikogo się nie bali. Dorastali w Łabędach, dzielnicy Gliwic słynnej z produkcji czołgów. Żyli muzyką, kradzieżami. Jeździli do Jarocina i na Woodstocki. Bili się ze skinami. Roman używał łańcuchów, siekier. Wódkę zaczęli pić już w wieku dwunastu lat.

Roman szybko wpadł w ciągi trzytygodniowe. A po odstawieniu alkoholu miał drgawki i zlewne poty. Brał marihuanę, LSD, grzyby halucynogenne, amfetaminę. Ecstasy popijał alkoholem. Bez amfetaminy wytrwał najdłużej cztery dni. Ale zawsze podkreślał, że nie czuje się uzależniony od narkotyków czy alkoholu. Syn laborantki chemicznej, jego siostra skończyła studia detektywistyczne. Babcia dawała mu pieniądze na kursy komputerowe i lekcje angielskiego. Przepisała na niego połowę domu. Roman nie musiał kraść. Robił to dla adrenaliny.

Tobiasz jest od niego o sześć lat młodszy. Poznali się na osiedlu. Tobiasz nieźle się uczył, trenował hokej na trawie. Ojciec, spawacz, pracował za granicą, przesyłał pieniądze, ale Tobiasz chciał mieć więcej. Na płyty, koncerty. Najpierw roznosił ulotki, układał kostkę brukową. Jednak zrozumiał, że to nie dla niego. Powiedział do Romana: „Człowiek się natyra i wiele z tego nie ma. Chciałbym dorobić się na złodziejstwie, na narkotykach".

Pierwszą fuchę dostali w 2001 roku od miejscowego biznesmena, pochodzącego z Łotwy Władimira. Miał do odzyskania dług od małżeństwa, które prowadziło bar z piwem na stadionie Piasta Gliwice. Tobiasz miał wtedy szesnaście lat, a Roman dwadzieścia dwa lata.

Dług

Dorota i Zbigniew Sobańscy pracowali nawet po dwadzieścia godzin dziennie. Podobno przerywali tylko, by pójść do domu nakarmić psa, bo owczarka niemieckiego traktowali jak członka rodziny. Oboje po trzydziestce, mieszkali w kawalerce. Ich największym marzeniem było kupno dużego mieszkania. Otworzyli własny interes, ale nie znali klimatu na stadionie. Do Doroty podeszło kilku mężczyzn. Kazali, by co miesiąc płaciła im za ochronę. Odpowiedziała, że tego nie potrzebują. Kilka dni później bar został zniszczony. By odbudować interes, wzięli pożyczki od innych właścicieli. Władimir, miejscowy biznesmen, chciał po jakimś czasie odzyskać pożyczone pieniądze z odpowiednio naliczonym procentem.

Przez blisko tydzień Władimir, Tobiasz i Roman obserwowali mieszkanie Sobańskich. Do napadu przyłączył się pracownik ich baru Bogdan, zwany Bodziem.

13 września 2001 roku przygotowali sznury, kominiarki i taśmę klejącą. Przecięli kabel telefoniczny na klatce, wykręcili korki. Zapukali do mieszkania. Drzwi otworzył Zbigniew. Napastnicy obezwładnili go. Zakleili małżonkom oczy. Kazali klęczeć i nie odzywać się bez pytania. Zabili psa. Roman żądał zwrotu długu dla Władimira. Sobańscy chcieli mu oddać wszystko, co mieli w domu. Tobiasz i Roman wynieśli sprzęt elektroniczny, pieniądze. Następnie zmusili Dorotę, by napisała kartkę, że wyjeżdża do rodziny.

Związanych małżonków wsadzili do samochodu. Jeździli z nimi po Gliwicach. W końcu zatrzymali się przy studzience kanalizacyjnej. Kazali tam porwanym wejść. Dorota i Zbigniew spędzili w studzience ponad dobę. Kolejnego dnia Władimir i Roman wyciągnęli małżonków, wsadzili do ich własnego samochodu. Znów jeździli po mieście. Zatrzymali się przy polanie w pobliżu dołów powstałych po wydobyciu piasku w Rzeczycach. Zaczęli bić Zbigniewa po głowie. Dorocie zatykali nos i usta taśmą klejącą. Następnie wrzucili związane małżeństwo do dołu. Przysypali ziemią, piaskiem, śmieciami. Nie ma pewności, czy Dorota i Zbigniew zmarli od obrażeń, czy zakopano ich żywcem. Po zabójstwie Roman porzucił samochód przy ulicy Żabińskiego w Gliwicach.

Adrenalina

– My zupełnie nie byliśmy przygotowani na takie akcje – mówi mi teraz Tobiasz, z którym spotykam się w sali widzeń aresztu śledczego w Gliwicach. – Roman zostawił otwarty samochód, a w nim nasze kominiarki, sznury, którymi związywaliśmy małżeństwo, a nawet łopatę, którą ich zakopywał. Byłem pewny, że za to porwanie trafimy prosto do celi.

Ale jakimś cudem nikt nas nie szukał. Zaczęliśmy więc organizować kradzieże – na dużą skalę. Komputery, telewizory, radia. Głównie kradliśmy w sklepach Tesco. Może nie będę ci mówił, w których, bo opłacaliśmy pracowników na różnych stanowiskach, a oni tam chyba dalej pracują. Najbardziej lubiłem moment, gdy przechodziliśmy obładowani przez bramki i nikt nas nie zatrzymywał. Czujesz się jak Bóg. Brakowało nam w życiu adrenaliny, napięcia. A to było jak sport ekstremalny. Roman mi imponował. Był na luzie, niczym się nie przejmował. Należeliśmy do punków, więc buntowaliśmy się przeciwko takim rzeczom jak własność, majątek, religia, nauka. Czas spędzaliśmy na rozmowach przy jointach i wódce na Manhattanie. Tak się mówi na stary hotel robotniczy w Gliwicach. Eksmitują tam ludzi, którzy nie płacą za mieszkanie. Mieliśmy wspólną ekipę na akcje, bójki, kradzieże.

Opel Omega

Trzy dni po zabójstwie funkcjonariusze Komisariatu Policji I w Gliwicach znaleźli samochód Opel Omega koloru bordowego. W samochodzie: dwie łopaty, sznury, włosy oraz kominiarki. Policjanci na podstawie numeru rejestracyjnego ustalili nazwisko właściciela. Przyjechali do mieszkania Sobańskich. Było zamknięte. Weszli przez okno w obecności rodziny Doroty. Zobaczyli zabitego owczarka niemieckiego oraz ślady kradzieży. Brakowało telewizora, magnetowidu. Szwagier Doroty zgłosił zaginięcie małżonków. Rodzina powiedziała, że Dorocie i Zbigniewowi ktoś groził.

Sprawa trafiła do prokuratury. Jednak tam nie wszczęto śledztwa ani w sprawie uprowadzenia, ani o podejrzenie zabójstwa.

Docieram do materiałów prokuratorskich. Prowadząca sprawę prokurator Dorota Wacławowicz uznała, że w tym przypadku mamy do czynienia z „kradzieżą z włamaniem do samochodu Opel Omega". Już 27 listopada, czyli dwa miesiące po zabójstwie, zdecydowała się zawiesić postępowanie i zwrócić samochód Bankowi Spółdzielczemu, w którym Sobańscy mieli kredyt.

Dziesięć lat z łopatą

Proszę prokuratora z innego miasta z wieloletnim doświadczeniem w sprawach zabójstw, by analizował ze mną dokumenty i decyzje w sprawie Sobańskich.

– Nikt rozsądny i o empatii większej niż ma koza nie byłby w stanie przyjąć, że to jest kradzież samochodu, a nie porwanie – uważa. – Co z tego, że ktoś ma długi? To tak jak w sprawie Olewnika. Przez chwilę zastanawiano się, czy chłopak nie uciekł od zobowiązań. Ale tam jednak policja sprawdziła wersję porwania i zabójstwa.

149

W tej sprawie policjanci i prokurator powinni się zastanowić, czy list Sobańskiej jest prawdziwy, sprawdzić, czy rzeczywiście pojechała do rodziny. A skoro tam nie dotarła, od razu należało zrobić badania DNA. W samochodzie znaleziono przecież włosy, ślady zapachowe, kominiarki, a nawet łopaty, którymi zasypano ciała. A dowód na uprowadzenie był w mieszkaniu. Wystarczyło przesłuchać sąsiadkę. Czy Sobańscy lubili swojego psa? Jeśli lubili, to go nie zabili. Funkcjonariusze ustalili przecież, że pies był zadbany i na pewno nie umarł z głodu. Zabity pies Sobańskich świadczył o tym, że w mieszkaniu doszło do zbrodni. Przecież do tego nie trzeba być supermózgiem. Prokurator powinien dać konkretny sygnał policjantom operacyjnym w Gliwicach: szukamy potencjalnych zabójców lub porywaczy, i jestem absolutnie pewny, że by ich znaleźli. Bo Roman i Tobiasz to nie byli gangsterzy, przy których trzeba przeprowadzać dwuletnie postępowanie.

Doświadczony policjant z Gliwic, który pamięta tamtą sprawę, opowiada mi:

– Najgorzej miał aspirant Mirek Fitko, czyli policjant, który prowadził sprawę Sobańskich. Bo został z tymi dowodami. Później mówił, że ani prokurator, ani przełożeni nie chcieli mu tych łopat przyjąć jako dowodów. Na szczęście schował je za biurko i trzymał tam przez dziesięć lat.

I wyjaśnia mechanizm:

– Sprawa poszukiwawcza nie liczy się w statystykach. Brak postępowania o uprowadzenie to śmierć dla sprawy. Wsadza się ją do szafy i tylc. Statystycznie większe znaczenie ma znalezienie sprawcy, który ukradł batonik w sklepie.

A prokurator? Ona nie poniesie żadnych konsekwencji. Na Śląsku to postać nietykalna.

Ten trup się nie liczy

W 2016 roku, gdy pracowałam nad reportażem *Ten trup się nie liczy*, policjant z dwudziestoletnim stażem w sprawach gwałtów i zabójstw opowiadał mi:

– Od lat w Polsce wzrasta liczba niezarejestrowanych zabójstw, których sprawcy pozostają nieznani. O policjancie, który prowadzi sprawy zaginionych, mówimy: ma szafy pełne trupów.

Polska należy do czołówki światowej w odnajdywaniu zabójców. Ale jak długo będziemy utrzymywać tę fikcję. Jak myślisz, dlaczego liczba zabójstw spadła na przestrzeni dziesięciu lat o połowę? W 2003 roku, kiedy wykrywalność wynosiła około osiemdziesięciu pięciu procent, naczelnicy mogli sobie jeszcze pozwolić na śledztwo w sprawie zabójstwa, gdy istniały silne przesłanki, kto jest sprawcą. Nawet gdy jedna sprawa nie wyszła, końcowa statystyka i tak była podobna do innych województw.

Ale gdy wykrywalność we wszystkich województwach jest bliska stu procent, musi być pewność co do zabójcy. Teraz sprawę o zabójstwo wszczyna się, gdy policja przyjeżdża i widzi trupa, a obok niego sprawcę z siekierą. Gdy nie ma ciała, to często sprawę traktuje się jako zaginięcie. Czasem nawet w ogóle nie informuje się prokuratury.

A dopóki osoba jest „tylko" zaginiona i nie toczy się śledztwo, policjanci nie mają prawie żadnych możliwości działania. Nie mogą założyć podsłuchu osobie, którą podejrzewają o zabójstwo, nie mogą sprawdzić billingów, przeszukać mieszkania. Mogą porozmawiać z sąsiadami, ale ci mają prawo odmówić. Mają też prawo kłamać i nie ponoszą za to żadnej odpowiedzialności. Dopiero gdy ruszy śledztwo, sprawa nabiera statusu przestępstwa. Ale to pierwsze miesiące po zaginięciu są decydujące dla zebrania dowodów.

Sobańscy są idealnym przykładem takiego postępowania.

W ciemnym lesie

Z powodu spraw o pobicia i kradzieże Tobiasz i Roman dostali – już po zabiciu Sobańskich – kuratorów.

Tobiasz opowiada, że nawet chciał się leczyć i prosił swoją kurator, by załatwiła mu miejsce na odwyku. Ale stwierdziła, że to nie należy do jej obowiązków.

Roman nadal uważał, że nie jest uzależniony. Mimo to babcia wzięła go prywatnie do psychologa. Uznał, że Roman powinien natychmiast znaleźć się w specjalistycznym ośrodku zamkniętym. Ale tam nie trafił.

Roman miał także sprawę o brutalne pobicie, ale zawieszono ją, bo poszkodowany bał się stawiać na wezwania.

W lutym 2004 roku, trzy lata po zabiciu Doroty i Zbigniewa, Roman spytał Tobiasza, czy pójdzie z nim „zrobić kwadrat", czyli dokonać kradzieży. Tobiasz zgodził się bez wahania. Roman wybrał dom. – Oni są zamożni. Mają nowe plastikowe okna, alarm – mówił. Obserwowali. Dzwonili o różnych porach, by przekonać się, o której godzinie wracają mieszkańcy domu. Czasem przychodzili pod byle pretekstem. Na przykład pytali o złom. Drzwi otwierała młoda, ładna kobieta. Roman ustalił, że w domu mieszkają Paweł i Małgorzata Siudzińscy.

Małgorzata to córka znanej w Gliwicach doktor Danieli Łodej. Pół roku wcześniej wyszła za mąż za Pawła.

– Byli bardzo szczęśliwi, zakochani – mówi mi teraz mama Małgorzaty. – Gosia przez całe studia ciężko pracowała. Dorabiała jako kelnerka w pizzerii, publikowała artykuły w pismach psychologicznych. Po studiach dostała pracę w HR. Wkrótce miała być awansowana na dyrektora ds. personalnych. Przychodziła z pracy i kładła się w słońcu w ogrodzie. Pamiętam, jak mówiła, że ma wszystko, czego potrzebuje. Pojechała z mężem w podróż poślubną do Rzymu. Parę miesięcy po powrocie zaczęły się te głuche telefony. Miałam złe przeczucia. Pamiętam, że spytałam Małgosię, czy nie boi się być sama w tak dużym domu.

12 lutego 2004 roku Roman i Tobiasz zapakowali do plecaków sznury, kominiarki oraz rękawiczki. Poszli do domu Siudzińskich na piechotę. Był późny wieczór. Paweł wyszedł akurat na mecz z kolegami. Zapomniał telefonu. Gdy Roman zapukał do drzwi, Małgorzata była w pidżamie i kapciach. Myślała, że to Paweł wrócił po telefon. Od razu otworzyła. Roman przewrócił ją na podłogę. Skrępowali ją linami i przenieśli do sypialni. Powtarzała, że za chwilę wróci mąż. Roman podszedł do drzwi, gdy usłyszał podjeżdżający samochód. Rozpylił gaz łzawiący. Dzięki temu szybko obezwładnił Pawła. Także związali go sznurem. Przeszukali dom. Zabrali siedemset złotych i butelkę whisky. Przenieśli małżonków do ich samochodu i ruszyli w stronę Wrocławia. Po drodze zatrzymali się w McDrive. Potem długo jeździli bez celu. Przez kieleckie, Bytom, Będzin, Czeladź, Sosnowiec, Olkusz. W Zbeltowicach, wsi w województwie

świętokrzyskim, mieli wypadek, dachowali. Pomagali im miejscowi. Nikt nie zapytał, dlaczego w samochodzie znajduje się młode małżeństwo z zasłoniętymi oczami. Jeden z mieszkańców Zbeltowic zeznał potem na policji, że ludzie widzieli Pawła i Małgosię. Ale nie wyjaśnił, dlaczego nikt nie zareagował.

Po wypadku Roman powiedział do Tobiasza: „Kobiecie opadła opaska, chyba zobaczyła nasze twarze, trzeba ją zabić".

Wyprowadzili Małgosię w stronę lasu za Zbeltowicami. Roman zaczął dusić ją sznurem. Ale wyrywała się, charczała. Bał się, że za długo to trwa, może ktoś ich widział i zadzwonił już na policję. Dusili ją więc razem z Tobiaszem przez kilka minut. Nadal żyła. W końcu Roman pobiegł do samochodu, wrócił z nożem. Wbił go Małgorzacie w szyję.

Wynieśli z samochodu Pawła. Przywiązali go do drzewa. Dusili. Ale mężczyzna był silny, wyrywał się. Nie byli w stanie zabić go w ten sposób. Tobiasz pobiegł po klucz do samochodu. Zadał kilka ciosów w głowę. Paweł nadal żył. Zaczął błagać, by nie zabijali mu żony.

Zabójcy wrzucili Pawła i ciało Małgorzaty z powrotem do samochodu. Tobiasz i Roman jeździli z nimi jeszcze przez dwie godziny. Znaleźli jakiś las. Tam przywiązali jeszcze żywego Pawła do dwóch drzew. Małgosię położyli obok niego. I odjechali.

Zostali zatrzymani dwa dni później. Mieli kolejny wypadck samochodowy. Nie umieli wytłumaczyć, dlaczego samochód jest cały we krwi. Na komendzie Roman i Tobiasz przyznali się do zabójstwa. Wskazali miejsce, w którym pozostawili małżeństwo. Gdy policjanci tam przyjechali, Paweł już nie żył.

W 2005 roku sędzia Agata Dybek-Zdyń z Sądu Okręgowego w Gliwicach skazała Romana i Tobiasza na dożywocie.

Listy z więzienia

Docieram do dokumentacji policyjnej. Do Komendy Miejskiej Policji w Gliwicach co pół roku przychodziły listy od prokuratorów. Pytali, czy nadal trwają poszukiwania Sobańskich. Wygląda, jakby niektórzy prokuratorzy czuli, że w tej sprawie nie chodzi o kradzież samochodu. Dopytywali: co robi policja? Policjanci odpisywali, że trwają poszukiwania i że ktoś widział Sobańskich we Włoszech.

Jednak w 2007 roku do wydziału kryminalnego w Gliwicach przychodzi list więźnia, który mówi, że wie, kto stoi za morderstwem Sobańskich. Okazuje się, że już parę lat wcześniej Tobiasz wytatuował sobie datę ich śmierci na ramieniu. Z kolei pracownik Sobańskich, Bodzio, który odsiadywał karę za inne przestępstwa, pochwalił się współwięźniom, że wie, kto dokonał morderstwa. Ówczesny zastępca dyrektora Zakładu Karnego w Rzeszowie Maciej Gładysz informuje o tym wydziały kryminalne Komend Miejskich Policji w Rzeszowie i w Gliwicach.

Prokuratura:
Wszcząć, zawiesić, wszcząć

W 2008 roku sprawa trafia do komendy w Katowicach. Policjanci sprawdzają informacje z więzienia. Ale dopiero 6 maja 2010 roku Prokuratura Okręgowa w Katowicach informuje Prokuraturę Okręgową w Gliwicach: więzień Mariusz B. wskazał, że Bogdan G. opowiadał mu o zabójstwie małżeństwa Sobańskich z Gliwic.

Po ponad roku, 22 sierpnia 2011, prokuratura w Gliwicach wszczyna śledztwo w sprawie pozbawienia wolności Doroty i Zbigniewa Sobańskich. Ale wkrótce także to śledztwo zostaje zawieszone.

22 stycznia 2013 roku zostaje ponownie podjęte i zawieszone trzy miesiące później. Zawieszenie uzasadnione jest koniecznością poszukiwania świadków.

Nie wiadomo, na którym etapie śledztwa ginie jedna z kominiarek.

Prokurator z innego miasta, gdy pokazałam mu wszystkie dokumenty, mówi mi:

– W 2001 roku wiele dowodów wskazywało na uprowadzenie, więc należało rzetelnie przeprowadzić sprawę i istniała szansa na znalezienie sprawców przed morderstwem Siudzińskich. Natomiast w 2007 roku wystarczyło po prostu jechać do więźnia i zapytać. Porównać DNA Bogdana z włosami w samochodzie. Władimir i Bogdan zostali zatrzymani dopiero siedem lat później. Skąd wiadomo, czy Władimir w ciągu tych siedmiu lat nie zlecił kolejnych zabójstw?

Pytam rzecznik Prokuratury Okręgowej w Gliwicach, czy ktokolwiek w prokuraturze zauważył błędy w tej sprawie. Odpowiada:

– Dwudziesego ósmego listopada 2013 roku prokurator Małgorzata Milewska wskazała na istotne uchybienia w prowadzonym śledztwie. Między innymi decyzja o zawieszeniu postępowania była przedwczesna, w sprawie nie egzekwowano wykonania zleconych przez prokuratora czynności. Policjanci przeprowadzali je zbyt długo, bez należytego zaangażowania w obliczu wagi sprawy. Mało skutecznie poszukiwali świadków, a wiele dowodów uległo zatarciu. Prokurator sugerowała, że śledztwo – zagrożone przedawnieniem karalności – powinno zostać ponownie podjęte.

Policjanci zatrzymali Bodzia dopiero 18 grudnia 2014 roku. Podał nazwiska porywaczy. Dzień później prokuratura okręgowa wszczęła śledztwo w sprawie zabójstwa małżeństwa Sobańskich.

Tobiasz przyznał, że brał udział w porwaniu.

– Żałuję, że policjanci nie złapali mnie po sprawie Sobańskich – mówi mi dzisiaj. – Wtedy nie zabiłbym tego kolejnego małżeństwa. To mnie codziennie prześladuje.

2 czerwca 2015 roku policjanci z wydziału kryminalnego w Katowicach oraz prokurator Rafał Spruś z Prokuratury Okręgowej w Gliwicach odnaleźli zakopane ciała Sobańskich. Sprawa o ich zabójstwo toczy się obecnie przed Sądem Okręgowym w Gliwicach.

Rzecznik policji:
Były apele w telewizji

Pytam rzecznika policji w Gliwicach Marka Słomskiego, czy w 2007 roku ktoś z gliwickich policjantów sprawdził doniesienia, że jeden z więźniów zna zabójców Sobańskich.

– Nie mam takiej wiedzy. Bardzo proszę o przesłanie pytań mailem – odpowiada rzecznik.

Przesyłam.

„Dlaczego mimo znalezienia w samochodzie Sobańskich łopat, kominiarek, włosów, sznurów itp. oraz zabitego owczarka niemieckiego w ich mieszkaniu nie przeprowadzono wcześniej badań DNA?

Dlaczego nie przesłuchano pracowników Sobańskich?

Dlaczego jak najszybciej oddano samochód bankowi?

Czy gliwiccy policjanci sprawdzili informację od dyrektora Gładysza?

Czy według rzecznika policjanci popełnili błędy? Jeśli tak, to którzy funkcjonariusze są za nie odpowiedzialni?".

Rzecznik odpisuje: „Nie wydaje mi się zasadne, bym, jako rzecznik gliwickich policjantów, wydawał opinię o ich pracy w tej konkretnej sprawie. Bo mogłoby to zostać odebrane przez czytelników gazety jako nieobiektywne. Pamiętam wielokrotne zwracanie się śledczych do świadków o kontakt. Oprócz komunikatów lokalnych były apele do ewentualnych świadków w tej sprawie za pośrednictwem programów telewizyjnych. Przyjmuję więc za pewnik, że śledczy uczynili wszystko, aby wyjaśnić tę zagadkową sprawę zaginięcia, a jak się później okazało – zabójstwa".

Policjant: Statystyka wciąż króluje

Pytam jednego z byłych zastępców naczelnika wydziału kryminalnego KMP w Gliwicach, który pracował przy sprawie Sobańskich i Siudzińskich, czy ktoś sprawdził informacje od dyrektora zakładu karnego.

– Niestety nie pamiętam.

– A jak to możliwe, że przy tych dowodach prowadzono tylko sprawę zaginięcia? Czy policja ma wpływ na kategorię przestępstwa?

– Policja może mieć wpływ. Prawdopodobnie ktoś z szefostwa rozmawiał z prokuratorem na temat dowodów i kategorii sprawy, ale nie byłem to ja.

– A dlaczego już wtedy nie wykonano badań DNA? Czy policja ma możliwość zrobić je bez zlecenia prokuratora?

– Nie wiem, dlaczego tego nie zrobiono. Każdym pytaniem trafia pani w sedno. Dużo rzeczy nie zostało w sprawie Sobańskich zrobionych przez różnych funkcjonariuszy. Ale pani wie, co to znaczy praca non stop? My nie mamy czasu na pogłębioną analizę. Marzyłbym, żeby w każdej komendzie miejskiej stworzono stanowisko dla doświadczonego funkcjonariusza, który zajmuje się tylko i wyłącznie zabójstwami i zaginięciami. Tak, by miał czas te puzzle poukładać w całość. Gdyby pani zapoznała się z zakresem obowiązków funkcjonariuszy zespołu ds. poszukiwań i zobaczyła, ile osób tam pracuje, to doszłaby pani do wniosku, że to za mało. Są województwa, w których sprawy zabójstw automatycznie przejmuje komenda wojewódzka. Na Śląsku to nierealne. Tych spraw jest za dużo. Województwo by tego nie przerobiło. W zabójstwach pracuję dwadzieścia lat i do dzisiaj są sprawy niewykryte, co do których mam świadomość, że mogliśmy zrobić więcej. Ale doba ma tylko dwadzieścia cztery godziny, a każdego dnia dostajemy nowe zadania. Dla mnie zabójstwo było zawsze najważniejszym przestępstwem. Gdy usłyszałem, kto zamordował Sobańskich, zdenerwowałem się na siebie. Bo przecież miałem ich w 2004 roku. To ja namówiłem ich do pokazania nam miejsca, gdzie zostawili ciała Siudzińskich. Nadzorowałem tę sprawę. W celi położyłem się na łóżku obok Tobiasza i wiele godzin przekonywałem, by powiedział, gdzie są trupy. Skupiałem się na tym, by mordercy jak najszybciej wskazali te miejsca. Myśli pani, że gdyby nie pokazali, to ktoś by wszczął sprawę o zabójstwo?

– A o co, jak nie o zabójstwo? Przecież wcześniej przyznali się do morderstwa.

– Wie pani, na czym polegają statystyki w policji?

– Proszę opowiedzieć.

– Gliwice są nazywane piekiełkiem, bo mamy tu wiele najcięższych przestępstw: zabójstw, gwałtów. A zaginięcia zupełnie nie liczą się w statystykach. Proszę mi wskazać funkcjonariusza, który pójdzie do szefostwa i powie, że widzi przesłanki do zabójstwa i chce robić zaginięcie jako zabójstwo? Jak pani myśli, co się z nim stanie?

– Pewnie długo w policji nie popracuje? Prokuratorzy mówią, że jest pan jednym z najlepszych śledczych w Gliwicach. Zna pan dużo spraw, w których zaginięcia są tak naprawdę zabójstwami?

– Są nierozwiązane sprawy podobne do Sobańskich. Dlatego nie może być tak, że małe miasta są zarzucane sprawami, do których zwyczajnie nie ma pracowników. Jak ktoś siedzi w kilkudziesięciu sprawach naraz, popełnia błędy. Ja je popełniałem, ale wielokrotnie też ryzykowałem, żeby złapać przestępców. Proszę zauważyć, że nawet nasze wejście do domu Sobańskich było ryzykiem. Podobnie jak zabezpieczenie dowodów, które nie miały nic wspólnego z dochodzeniem prokuratury, czyli kradzieżą. Funkcjonariusze chcą wykonywać swoją pracę rzetelnie. Ale ktoś musi stworzyć im do tego możliwości. Każdy z komendantów głównych zapowiada koniec fałszowania statystyk. I jakoś nie pamiętam, by kiedykolwiek ta deklaracja coś za sobą pociągała. Niech sobie przypomną, jak sami pracowali w komisariatach. Mówi się, że statystyka nie będzie stanowiła o ocenie pracy policjantów, ale nic się nie zmienia. To jest i będzie królowa policji.

Komendant policji: Prokurator rządzi

Kontaktuję się z komendantem głównym policji Jarosławem Szymczykiem.

– W 2001 roku, gdy rozpoczęła się sprawa Sobańskich, pracował pan w Komendzie Rejonowej w Gliwicach, później podczas sprawy Siudzińskich w komisariacie, który nadzorował tę sprawę, następnie był pan zastępcą komendanta miejskiego w Gliwicach.

– Ze śledztwem w sprawie Sobańskich nie miałem nic wspólnego. Słyszałem o nim od innych funkcjonariuszy. Moja rola zaczęła się dopiero na etapie śledztwa w sprawie Siudzińskich. Byłem wtedy komendantem komisariatu i osobiście przesłuchiwałem Tobiasza. W rozmowie ze mną przyznał się do popełnienia morderstwa.

– Czy wiedział pan o listach więźnia oraz dyrektora Zakładu Karnego w Rzeszowie na temat morderców Sobańskich?

– Do mnie taka korespondencja nie dotarła. I jestem zaskoczony tą wiadomością. Nigdy nie jest tak, że cała poczta przechodzi przez ręce komendanta. Na pewno o tym nie wiedziałem. Bo byłbym żywotnie zainteresowany, co z tą informacją zrobiono.

– Czy takie informacje ze względu na wagę przestępstwa nie powinny docierać do osób najbardziej kompetentnych?

– Naczelnik wydziału kryminalnego powinien tę informację właściwie wykorzystać. Pamiętajmy jednak, że sprawy o zabójstwa to śledztwa prokuratorskie i wszystkie decyzje podejmowane są na polecenie prokuratora.

– Jak to możliwe, że policja znajduje w samochodzie sznury, kominiarki, łopaty i zabitego psa w mieszkaniu, a prokurator wszczyna postępowanie po prostu o kradzież samochodu?

– Nie podejmę się oceny. Bo nie ja prowadziłem czynności w sprawie Sobańskich. Nie wiem, czym były wówczas argumentowane.

– Gdy był pan zastępcą komendanta policji w Gliwicach, nadzorował pan także sprawę poszukiwawczą Sobańskich. Czy policja nie mogła sama wykonać badania włosów?

– Jeśli prokurator wkracza w postępowanie, to staje się jego gospodarzem i wszystkie postanowienia leżą w jego kompetencji.

– Okoliczności obu morderstw były podobne. Ten sam rodzaj materiałów użytych do uprowadzenia małżeństw. Nie można było połączyć tych spraw?

– W roku 2004 sprawa Sobańskich miała status sprawy poszukiwawczej. To nie była sprawa o zabójstwo. Pojawiły się informacje, że Sobańscy byli widziani poza granicami kraju, i te informacje weryfikowano. Zawsze każdą informację trzeba sprawdzić.

– A jak można wierzyć w takie bajki zupełnie bez pokrycia?

– Podkreślam, że wiem to z relacji innych osób. Teraz wiadomo już, że te informacje się nie potwierdziły.

– Co pan myśli na temat niewszczynania śledztw mimo silnych przesłanek w kierunku zabójstwa? Tak było na przykład w przypadku Anny Garskiej, której mąż policjant niedawno został aresztowany. Prokuratorzy mówią, że naczelnicy policji czasem ich naciskają, by zmienić kwalifikację przestępstwa na niższą...

– Ja się na to kategorycznie nie godzę. To jest patologia. Sam byłem podwładnym osób, które oczekiwały trendów spadkowych, tam gdzie statystyki miały spadać, i chętnych do tego, by kreować rzeczywistość. Zmieniam to. Statystyki mają pokazywać, co się dzieje, a nie nas uszczęśliwiać. Ale proszę pamiętać, że kwalifikacja prawna leży w gestii prokuratora, a na etapie sądowym weryfikuje to jeszcze sąd i mądry prokurator nie zgodzi się na tego typu naciski.

Prokurator Wacławowicz:
Na żadne z pytań nie odpowiem

Pytam rzecznik Prokuratury Okręgowej w Gliwicach, dlaczego przy takich dowodach referent Dorota Wacławowicz wszczęła dochodzenie o kradzież zamiast o uprowadzenie.

– Nie dysponuję materiałem, który pozwoliłby mi na wskazanie, jakie były przyczyny przyjęcia takiej kwalifikacji prawnej – odpowiada pani rzecznik.

Pytam zatem referent Dorotę Wacławowicz, która obecnie jest prokuratorem w Prokuraturze Regionalnej w Katowicach, skąd taka dziwna kwalifikacja.

– Jestem już w innej prokuraturze, więc proszę zapytać panią rzecznik w Gliwicach.

– Ale skąd rzecznik ma wiedzieć, co pani miała w głowie, przyjmując taką kwalifikację?

– Referenci nie udzielają informacji bez zgody przełożonych. Dlatego nie zamierzam z panią rozmawiać.

– Zwykle rozmawiam z referentami. Bez problemu taką zgodę uzyskam.

– Ale ja i tak pani nie odpowiem. Nie mam akt.

– To proszę zapoznać się z aktami. Czy gdyby zniknęła pani mama i znaleziono by jej samochód pełen kominiarek, włosów, sznurów i łopat, a w domu zabitego psa, to także wszczęłaby pani sprawę o kradzież auta?

– Na żadne z pytań nie odpowiem. To nie są okoliczności do tego typu rozmów.

– Czy to pani w 2014 roku zachęciła prokuratora Sprusia, by wrócił do tej sprawy?

– Tak. Akurat to mogę potwierdzić. Na moje biurko trafiły nowe materiały. Pojawiły się informacje, które uzasadniały kontynuowanie postępowania.

– Pamięta pani, jakie to były nowe informacje? Czy one wynikały ze śledztwa policji, czy prokuratury?

– Nie pamiętam, a nawet jak pamiętam, to i tak pani nie przekażę.

Komendant: Będzie kontrola

Rodzice Małgorzaty i Pawła Siudzińskich przychodzą na rozprawy dotyczące śmierci Sobańskich. – Domagamy się, żeby policja obserwowała wspólników Romana i Tobiasza. Bo część tej grupy jest już na wolności. Chcemy mieć też pewność, że wszyscy, którzy w tej sprawie nie dopełnili obowiązków, zostaną ukarani – podkreślają.

Pytam komendanta głównego policji, czy w tej sprawie zostanie przeprowadzona kontrola wewnętrzna. Największe pole manewru ma teraz prokuratura. Jeśli dopatrzy się przestępstwa niedopełnienia obowiązków, to może wszcząć postępowania przeciwko prokuratorowi lub funkcjonariuszom. Policja także przeprowadzi kontrolę i jeśli zostaną ujawnione nieprawidłowości, to na pewno będą konsekwencje.

W obliczu zła

◆ Wiele nastoletnich zawodniczek jest w różny sposób upokarzanych, wykorzystywanych seksualnie. To środowisko bardzo silnych mężczyzn.

◆ Myślę, że ludzie potrafią wyczuć ofiarę. To znaczy osobę, która nikomu nic nie powie. Ale nie rozumiem, dlaczego tyle osób to wykorzystuje? Dlaczego lubią dręczyć innych?

◆ To właśnie milczenie w obliczu zła sprawia, że jesteśmy martwi, choć żyjemy.

Karteczki

Przypominam sobie, jak biegłam razem z dziećmi w maratonie Kobylina. Miałam może cztery lata. Nie wiedziałam, dlaczego i po co biegnę, ale ruch sprawiał mi przyjemność. Sport był ważny w domu. Tata wcześniej ćwiczył zapasy. Mama – siatkówkę. Jako sześciolatka zaczęłam trenować tenis stołowy. Szybko zdobywałam wyniki. Zwykle pierwsza trójka turnieju wielkopolskiego, następnie sukcesy w zawodach powiatowych i ogólnopolskich. Parę lat później zapisałam się na karate i zapasy.

W domu było nas pięcioro. Nie miałam łatwego dzieciństwa. Pracowałam w polu. Żyłam w strachu przed domem dziecka. Babcia się wychowywała w takim miejscu i opowiadała o biciu, głodzie, znęcaniu. Bardzo się bałam tam trafić.

Podstawówkę skończyłam w Łagiewnikach. Dzieci śmiały się, że jestem głucha. Nauczyciele nie byli lepsi. Mówili: „Jak sobie nie radzisz z wyzwiskami, to idź do szkoły specjalnej". Robili wszystko, by pozbyć się dzieci z niepełnosprawnościami.

Dzieciaki wiedziały, że mają przyzwolenie. Krzyczały: „Ty patolu!", „Ty głucha idiotko!". W gimnazjum było gorzej, uczyły się dzieci z różnych domów z Kobylina i Zalesia. Bogatsze. Było czterech chłopaków z zamożnych rodzin, którzy przewodzili całej szkole. Każdy chciał się z nimi przyjaźnić. A oni mówili: „Będziemy się z tobą kolegowali, jeśli wypełnisz zadanie". Zwykle rozkazywali, by kogoś upokorzyć, zgnoić. Mnie przyczepiali karteczki z napisami: „debil", „głucha", „ułom". Dzieciom bardzo przeszkadzały moje aparaty. To dzięki nim mogłam choć trochę słyszeć. Były duże, zakładane na głowę. Wyrywali mi je, czasami oblewali wodą.

Podczas obozów sportowych zaklejali mi w nocy powieki pastą do zębów. Trener zareagował tylko raz, gdy nie mogłam rano otworzyć oczu. Powiedział: „Nie róbcie tego". I tyle. Nie posłuchali. Wchodzili za mną do toalety, dokuczali, przypierali do ściany. Przystawiali zapalniczki do włosów. Jak ćwiczyłam, to zabierali mi buty i moczyli w wodzie. Grozili, że jak będę kablować, to mnie zniszczą. W autobusie szkolnym przyklejali mi ubranie do siedzenia, przysiadali się w piątkę i zaczynali mnie poszturchiwać. Tak strasznie się bałam, byłam jak sparaliżowana. To wtedy zaczęłam wierzyć, że życie takie już jest i nic się nie da zrobić.

W gimnazjum miałam pierwszą próbę samobójczą. Nie wiem, czy powodem byli rówieśnicy, czy może to, że wiem co to znaczy „zły dotyk" u dziecka.

Pasy

Kilka miesięcy po tym jak mnie odratowali, w gimnazjum pojawiła się nowa uczennica Ania. Zawsze pozytywna, uśmiechnięta. To ona do mnie pierwsza zagadała. W ogóle jej nie obchodziło, że nikt się ze mną nie trzyma. Szybko zaczęłam jej się zwierzać. Zawsze wiedziała, co powiedzieć. Mówiła, że musimy przetrwać różne sytuacje, bo i tak niedługo będziemy dorosłe i same zdecydujemy o swoim życiu. Po lekcjach długo rozmawiałyśmy w parku. O treningach, rodzicach, klasówkach. To pierwsza osoba, której mogłam powiedzieć absolutnie wszystko. Miała takie piękne, błękitne oczy.

Nie pamiętam, jak trafiłam do szpitala psychiatrycznego. To tam pierwszy raz mi powiedzieli: „W szkole zauważyli, że mówisz do siebie. Wymyśliłaś sobie fikcyjną koleżankę Anię". Zapięli mnie w pasy, podali leki. W karcie wpisali: schizofrenia. Ania zniknęła. Byłam zła na lekarzy, że mi ją zabrali. Bo tylko dzięki niej przetrwałam. Znów zostałam sama. W psychiatryku, w pasach miałam straszne koszmary. Śniły mi się wypadki, ludzie z przeszłości. Chłopcy, którzy mi dokuczali. Myślę, że ludzie potrafią wyczuć ofiarę. To znaczy osobę, która nikomu nic nie powie. Ale nie rozumiem, dlaczego tyle osób to wykorzystuje? Dlaczego lubią dręczyć innych? Przecież ci uczniowie, którzy się wtedy nade mną znęcali, teraz sami mają żony i dzieci. Czy strach innych przestał sprawiać im przyjemność?

Rozpoczęły się pobyty w różnych szpitalach psychiatrycznych. Trafiałam tam na kilka miesięcy. W większości szpitali, w których byłam, nie ma żadnej terapii. Bo brakuje kadry – psychologów, psychiatrów. Ordynator robi obchód rano, potem wychodzi, a pacjenci albo leżą w pasach cały dzień, albo mają chwilę zajęcia praktyczne, czyli robią zabawki z gliny, a później nuda.

Mnie przy życiu trzymał sport. Rodzice mnie odbierali ze szpitala przed zawodami, trenowałam, wygrywałam.

Ale po jakimś czasie znów lądowałam w szpitalu z objawami schizofrenii.

Po pierwszym pobycie w szpitalu w kilka tygodni przygotowałam się do Mistrzostw Europy w Sumo w Bułgarii. Trenowałam non stop. Pojechałam do Krotoszyna i Warszawy. O szóstej rano bieg wokół jeziora, śniadanie, przerwa, trening siłowy, przerwa, kolejny trening, kolacja i bieg. Byłam wykończona, ale szczęśliwa. Podczas mistrzostw pokonałam Ukrainkę, Niemkę, Rosjankę. Zdobyłam medal zarówno indywidualny, jak i w drużynie.

Mrok

Ale choroba powracała. Może pod wpływem tego, że wiele nastoletnich zawodniczek jest w różny sposób upokarzanych, wykorzystywanych seksualnie. To środowisko bardzo silnych mężczyzn. Nie jestem gotowa, by powiedzieć, kto był moim oprawcą. W chwili gwałtu miałam szesnaście lat. Zaszłam w ciążę. Chciałam urodzić. Co z tego, że jego ojciec zrobił mi krzywdę? Dziecko nie jest niczemu winne.

Poroniłam. Wróciły postacie, głosy. Szłam ulicą, ktoś krzyczał: „Uważaj, on cię znów skrzywdzi". Odwracałam się, a tam nikogo nie było. Kolejny szpital.

Dla mnie większość psychiatryków to takie przechowalnie dla ludzi. Nawet w dosłownym sensie, bo w święta zwykle przywożono staruszków. Wszyscy wiedzieli, że są normalni. Rodzina chciała się ich pozbyć z domu w świąteczne dni i dlatego lądowali u nas. Czasem opowiadali, że dzieci ich ceniły, póki nie przepisali na nich majątku. Później zaczęły się wyzwiska, brak szacunku, próba pozbycia się rodziców z ich własnego domu. Poznałam panią, którą dzieci zamykały w pokoju, jak przyszli goście. Głodzili. Przywiązywali do łóżka, żeby nie wychodziła przy ich bogatych znajomych. Ona była w pełni normalna. Jeden z lekarzy to zobaczył i jej pomógł. Zorganizował adwokata, pozwała własne dzieci, które teraz nie mogą zbliżać się do niej i jej domu. Wygrała, ale takie zwycięstwo ma gorzki smak. Może wtedy pomyślałam, że nie chcę żyć w takim świecie. Wydawało mi się, że jest tu tylko okrucieństwo. Czytałam w różnych książkach motywacyjnych, że trzeba widzieć choć małe światło. Ale wokół mnie był tylko mrok.

Terapia

Kolejne treningi i zawody. Dawałam z siebie wszystko. W czasie Igrzysk Olimpijskich Głuchoniemych, podczas starcia z Ukrainką nagle zobaczyłam człowieka w czarnym płaszczu, miał zakrwawioną twarz. Nie słyszałam, co mówił, nie pamiętałam też ani jednego ruchu z walki. Byłam zaskoczona, gdy trener podszedł i powiedział, że wygrałam. Zakrwawiona twarz mężczyzny stała się dla mnie uosobieniem zła. Często się pojawiał. Miał twarz mojego oprawcy. Rozkazywał, bym skoczyła z okna lub podcięła sobie żyły i wtedy odda mi dziecko. Psycholog tłumaczyła, że wiele kobiet czuje się współwinnych krzywdy, którą ktoś im wyrządza. Nie reagują, nie idą na policję, boją się, a jednocześnie, wiedzą, że ta osoba może zranić kolejne dziewczynki. Podkreślała, bym pamiętała, że winny jest wyłącznie człowiek, który mnie skrzywdził, i ja nie odpowiadam za jego czyny.

Terapia mi pomagała. Ale poza nią starałam się mówić jak najmniej o chorobie. Bo szybko zobaczyłam, że ludzie traktują chorych na schizofrenię jak wariatów. Nigdzie nie znajdują pracy. Mam wielu znajomych z forum schizofreników. Często rozmawiamy o tym, jak zaczęli pracę w banku czy w restauracji. Byli chwaleni, dopóki pracowali na umowę o dzieło. Przy etacie pracodawca ma wgląd do pełnych danych lekarskich. Zawsze, gdy szefowie widzą dokumenty, w których pracownik ma wpisane „schizofrenia", mówią: „Już tu nie wracaj". Więc chorzy czują się odrzuceni i zamykają w czterech ścianach, sfrustrowani na cały świat. Obwiniają wszystkich o swoją chorobę. Nie chciałam tak żyć. Na przedramieniu wytatuowałam sobie napis: „Dopóki walczysz, jesteś zwycięzcą".

Szacunek

Po szkole średniej byłam jak w transie. Kolejne treningi, zawody, medale.

Dostałam się na psychologię na Uniwersytet Adama Mickiewicza w Poznaniu. Tam poznałam mojego trenera Radka. Po raz pierwszy przygotowywał mnie do mistrzostw cztery lata temu. Pojechaliśmy na obóz do Cetniewa i dał mi taki wycisk, że pomyślałam: „Ostatnie zawody i kończę karierę". Ale poszło mi świetnie na mistrzostwach i po przyjeździe trener powiedział: „Zrobię z ciebie mistrza". Wtedy zobaczyłam to pierwsze światełko, o którym mówiła wcześniej psycholog. Schwyciłam je całą sobą. Terapeutka włączyła motywację w sporcie do terapii dotyczącej mojej przyszłości. Mówiła: „By zdobyć przyjaźnie, najpierw trzeba choć trochę polubić samego siebie". Myślę, że tego mi brakowało. Nikt mnie wcześniej nie nauczył szacunku do siebie. Dlatego postanowiłam każdego dnia robić mały krok naprzód. Nie mogę przecież reszty życia spędzić w strachu. Zamknięta w swoich lękach, w czterech ścianach. Tak żyje większość osób ze schizofrenią. I nic z tego życia nie mają. Nie chciałam być wyrzucona do kosza.

Ultimatum

Spróbowałam zrozumieć, dlaczego zawsze tłumaczono mi, by milczeć? Przecież to właśnie milczenie w obliczu zła sprawia, że jesteśmy martwi, choć żyjemy.

Dowiedziałam się, że gdy Niemcy, w czasie wojny, przyszli do domu moich pradziadków, dali pradziadkowi ultimatum. Darują mu życie, ale musi w zamian zabić żonę. Podobno zrobił to na oczach mojej babci i jej rodzeństwa. To dlatego wylądowała w sierocińcu.

A wcześniej żyła na ulicy. Opowiadała, że jadła robaki, by przetrwać. Później w sierocińcu znęcali się nad nią zarówno wychowawcy, jak i wychowankowie. Babcia wzdrygała się na samą myśl o tym miejscu. Jak wyszła z sierocińca, pobrała się z dziadkiem, który też był z domu dziecka. Ale wciąż miała bardzo ciężkie życie. Dziadek przepijał wszystko. Musiała harować za troje. Sama szyła ubrania dzieciom, zdobywała pieniądze na jedzenie.

Mama nigdy nie mówiła mi o swoim dzieciństwie. Może jej także ktoś kazał milczeć? Ja postanowiłam nad sobą pracować.

Zwycięstwa

Codziennie wstaję około czwartej rano. O szóstej idę na pierwszy trening wytrzymałościowy, sprawnościowy. Później szybki prysznic i pokazy judo w szkołach. Następnie zajęcia z dziećmi. Bo jestem również trenerem. Dzieci swoją energią potrafią rozsadzić salę. Trzeba je kontrolować. Sprawić, by od razu się zmęczyły. Bo inaczej jeden będzie gadać, drugi i trzeci się pobiją, czwarty zacznie płakać. I to jest koniec. Dlatego zawsze zaczynam od biegu. Później, gdy są trochę zmęczeni, robimy przewroty i dopiero wchodzimy w inne ćwiczenia.

Wieczorem mam własny, bardzo wyczerpujący trening. A następnie obchód sal i zamknięcie wszystkich pomieszczeń. Mieszkam obok hali sportowej na terenie klubu. Nie narzekam na nadmiar obowiązków. To sport sprawił, że przestałam być nikim. Mój fizjoterapeuta boi się, że przeciążam ciało i mogę mieć kontuzję. Przeszłam wiele operacji głowy, kolan, stawu barkowego. Ale w sportach walki nie można być zbyt ostrożnym, trzeba ryzykować. Kontuzja jest wpisana w to życie. Zdobyłam ponad trzysta medali. Najważniejsze to srebro na Igrzyskach Olimpijskich w Judo – Turcja, lipiec 2017, złoto na Mistrzostwach Świata Judo dla Niesłyszących i oczywiście wiele medali na mistrzostwach Europy i Polski w sumo. Cieszę się, że biorę udział w zwyczajnych zawodach razem ze słyszącymi zawodnikami. Reprezentuję Polskę w kadrze seniorów w judo i w sumo.

Teraz przygotowuję też do zawodów grupy dzieci. W klubie mamy prawie sześciuset zawodników. Zwycięstwa moich podopiecznych sprawiają mi jeszcze więcej satysfakcji niż moje. Dzięki studiom psychologicznym wiem, jak ich właściwie motywować, jak im pomagać. Czuję się potrzebna. Szanują mnie.

I najważniejsze – teraz już nikt nie odważy się mnie uderzyć.

Nie można mnie zastraszyć

- ◆ Czy strzelanie pomaga jej w pisaniu reportaży?
- ◆ Dlaczego nie ujawnia daty swoich urodzin?
- ◆ Kto marzył, żeby zrobić jej coś złego?

———————◆———————

z **Justyną Kopińską**
rozmawia **Szymon Jadczak**,
dziennikarz śledczy TVN

Do jakiej sprawy wynajmowałaś detektywa?
Nigdy nie zdradzę takich szczegółów. Nigdy nie ujawnię osób, które działają ze mną, informatorów, detektywów, policjantów, prokuratorów ani spraw, którymi się zajmują. Staram się działać tak, żeby zapewnić im bezpieczeństwo.

Często sięgasz po takie metody?
Często sięgam po metody nieoczywiste. Zdarza mi się wskoczyć do pociągu i pojechać gdzieś z powodu jednego słowa, żeby coś sprawdzić. Po drobnostkę, która jednak spowoduje, że reportaż będzie lepszy. Nie liczę się z czasem, który na to poświęcę. Żyję pisaniem bardziej niż czymkolwiek innym.

Skupiam się zawsze na dwóch rzeczach: co pomyśli mój bohater i co pomyśli mój czytelnik. Zależy mi na tym, aby bohater miał poczucie, że wypowiedzi są przedstawione zgodnie z jego intencjami i żeby czytelnik był jak najbardziej zainteresowany historią.

Jedna z czytelniczek napisała, że mój tekst wyrwał ją z marazmu, że jej się znowu zachciało żyć. Miała na myśli *Beethovena z Murzasichla*. Powiesiła sobie zdjęcie bohatera reportażu przy biurku, żeby w sytuacji, gdy znowu zacznie narzekać, przypomnieć sobie, co on, mimo wielu przeciwności oraz problemów zdrowotnych, osiągnął.

Czy są granice, których nie przekroczysz? Czegoś dla reportażu jednak nie zrobisz? Albo zrobisz coś nieetycznego, byle materiał był lepszy?

To, że ktoś wynosi dla mnie dokumenty i może przekracza swoje uprawnienia w pracy, a ja te materiały publikuję, żeby zrobić coś dobrego, żeby coś zmienić, nie jest dla mnie nieetyczne. Nieetyczne byłoby, gdyby dziennikarz o tym nie napisał. Dziennikarz ma prawo przekraczać granice, jeśli pokazuje prawdę.

Dbam o etykę. Żeby cieszyć się z życia, być w czymś dobrym, nie można niczego ukrywać. Żadnych pochowanych rzeczy, które są przyczyną dylematów moralnych.

Jeśli zrobiłabym coś nieetycznego, to tylko nieświadomie. Bardzo zwracam na to uwagę. Nie tylko w reportażu.

A zdarzyło się, że porzuciłaś temat właśnie z powodów etycznych?

Raz miałam dylemat moralny. Bohaterki, które się ze mną skontaktowały, opisywały poniżanie i gwałty ze strony bardzo wpływowych ludzi. One to wcześniej zgłaszały prokuraturze, ale pod wpływem gróźb wycofały się ze swoich zeznań.

W trakcie pisania reportażu ponownie im grożono i poprosiły mnie, żebym nie publikowała tekstu. Miałam spory dylemat. Mogłam opublikować ten materiał i wówczas te kobiety czułyby, że ich życie jest zagrożone albo nie publikować i pozwolić, by ich prześladowcy nadal popełniali te same zbrodnie. Uznałam, że ważniejsze jest bezpieczeństwo bohaterów i zrezygnowałam, pomimo że włożyłam w ten tekst naprawdę dużo pracy.

Z prawnego punktu widzenia mogłaś ten tekst opublikować?

Tak. Natomiast z moralnego – nie.

Czułam złość, bo dla mnie bardzo ważne w pracy jest powstrzymanie zła. Nie udało mi się wtedy powstrzymać ludzi, którzy robili okropne rzeczy.

Gdy pisałam o księdzu, który gwałcił dziewczynkę, też najważniejsze było dla mnie, żeby on już nikogo więcej nie skrzywdził. Zrobiłam tyle, ile mogłam, jemu teraz będzie dużo trudniej choćby flirtować z dziewczynkami w internecie. Wiem, że więcej już bym nie dała rady zrobić.

Odpuściłaś kiedyś temat ze strachu?

Nigdy. Raz mi grożono, że jeśli coś opublikuję, to nie przeżyję. To dotyczy reportażu, który wciąż powstaje i będzie powstawał bardzo długo, muszę znaleźć niepodważalne dowody, tam się toczy także śledztwo policyjne.

Nie boisz się, że kiedyś, zza rogu wyjdzie jeden z twoich negatywnych bohaterów i zrobi ci krzywdę?

Czterokrotny morderca, wampir z Gliwic, wyszedł na wolność i dokonał brutalnego gwałtu. Rozmawiałam z nim o tym w areszcie. Uważał, że mnie przekonał do siebie, bo on swoim urokiem zwodził innych. Miał poczucie, że każdego potrafi do wszystkiego przekonać. Tak zwykle postępują ludzie pozbawieni empatii, wydaje im się, że życie to gra, więc jeśli są inteligentni lub przystojni, to każdego mogą zmanipulować. A jeśli ktoś im się nie poddaje, to reagują agresją. On potem wyszedł na wolność i odpowiadał za ten gwałt z wolnej stopy. Twierdził, że marzy o zabiciu pani prokurator, o mnie też mówił różne złe rzeczy. I jak wyszedł na wolność, miałam dziwne uczucie. Przeszło mi przez myśl, że on mógłby mi coś zrobić. Marzył o zabijaniu, chciał zbudować bombę i zabić jak największą liczbę ludzi. Ale to nie był strach, to świadomość, że coś może się stać.

Czy strzelanie sprawia, że czujesz się bezpieczniej?

Mam patenty strzeleckie na karabin, strzelbę i pistolet.
Mój przyjaciel, który jest jednym z najlepszych trenerów
strzelectwa w Polsce, tłumaczył mi, że szkoli na przykład
sędziów, jeżeli czują się zagrożeni, bo wydają wyroki na
mafiosów czy morderców i czują się bezpieczniej z bro-
nią. Przekonał mnie, że warto się nauczyć strzelać z tego
powodu. Ale dla mnie ważny był też aspekt sportowy.

Strzelanie wymaga całkowitego skupienia, trzeba
celować w sam środek tarczy, dzięki nausznikom nie
słychać, co się dzieje dookoła, to jest jak mantra. W strze-
laniu niezbędne jest skupienie, ale zupełnie inne niż
podczas pisania. Taki trening bardzo pomaga w tworze-
niu tekstów.

A jeśli będę czuła, że moje życie jest naprawdę zagrożone, to wtedy lepiej umieć strzelać.

Mama bała się o twoje bezpieczeństwo?

Tak, mama się bała. To jedyna osoba w życiu, którą
okłamywałam. Staram się zawsze mówić prawdę, a z nią
rozmawiałam tak, żeby czuła się spokojna i bezpieczna.

Kiedyś zadzwoniła, gdy akurat wchodziłam na spotkanie z wielokrotnym mordercą. Powiedziałam jej, że
jestem na obiedzie i jem szpinak, który według niej

dodawał energii. Dla mamy było bardzo ważne, żebym jadła zdrowe rzeczy.

Wspierała cię czy odwodziła od tego, co robisz?
Ona chciała, żebym pisała. Ale o dobrych rzeczach. Ciągle pytała, dlaczego nie zajmuję się jakimiś pięknymi tematami. To dla niej zrobiłam reportaż *Nieśmiertelność chrabąszczy*.

Mam koleżankę, która uważa, że upiększyłaś tę historię za bardzo. To jednak było samobójstwo...
To była przede wszystkim historia miłości. On pragnął żyć. Ale bardziej kochał żonę, która chciała eutanazji, w Polsce nielegalnej. Więc nie należy rozpatrywać tego jako samobójstwa.

Przez teksty pokazujesz swoje poglądy. Jak teraz, kiedy mówisz o eutanazji, a nie o samobójstwie...
Nie oceniam ludzi. Przedstawiam wszystko tak, jak nazywali to bohaterowie, to są ich opinie. Wiadomo, że troszkę przefiltrowane przeze mnie, ale staram się, by nie za bardzo.

Mama czytała twoje teksty przed publikacją?
Większość. Ale najczęściej czyta je moja siostra, której zadedykowałam tę książkę. Mojej mamie wysyłałam łagodniejsze teksty. Gdyby żyła, na pewno pokazałabym jej tekst o Violetcie Villas.

Siostrę nazywam „społeczeństwem", bo ona świetnie wyczuwa, jak reportaż zostanie odebrany przez ludzi. Teksty wysyłam też do mojego przyjaciela – policjanta i przyjaciółki – prokurator. Pytam ich, czy weszłam w temat i klimat w taki sposób, jak powinnam, czy emocje się zgadzają z opisanymi postaciami.

Ważniejsze są pochwały od bliskich czy nagrody dziennikarskie?
Najważniejsze są listy od czytelników, jak ktoś pisze, że już nigdy nie będzie bierny wobec zła. Pewien lekarz przekazał mi, że pod wpływem reportażu zgłosił patologie, które miały miejsce w szpitalu, w którym pracował.

Ważne jest dla mnie to, że nie doświadczyłam hejtu od czytelników. Nie budzę agresji. Bardzo mnie to cieszy.

Przed publikacją tekstu o siostrze Bernadetcie wszyscy mi mówili, że można się spodziewać złej reakcji ludzi, bo sprawa dotyczy Kościoła, a ponad dziewięćdziesiąt procent Polaków to katolicy. Po ukazaniu się reportażu dostałam mnóstwo maili i nie było wśród nich ani jednego negatywnego, nawet te od księży były pozytywne.

Z jednej strony opowiadasz o mamie, bardzo wzruszająco ją pożegnałaś. A z drugiej ukrywasz prywatność, nie chcesz nawet zdradzić swojej daty urodzenia. Jak tłumaczysz tę sprzeczność?

O chorobie mamy nic chciałam głośno mówić, bo wydawało mi się to zbyt intymne. Moja siostra twierdzi, że nigdy nic ujawniam słabości, nie daję poznać, że czuję się źle, że jestem w kiepskim nastroju. Po śmierci mamy wysłałam jednak sygnał do ludzi, że przeżywam żałobę. By znali powód mojego smutku. Śmierć mamy była jedną z najtrudniejszych chwil w moim życiu, mama była wyjątkowo bliską mi osobą. Stąd ten post. To był też hołd dla Niej, wiem, że to by Jej sprawiło wielką radość. Po Jej śmierci mam w sobie dużo więcej potrzeby refleksji i skupienia się na tym, co jest naprawdę ważne.

To znaczy, że po śmierci mamy zmieniły się twoje wartości, priorytety?

Wartości się nie zmieniły, ale jeszcze więcej o nich myślę. Mama często powtarzała, żeby otaczać się ludźmi dobrymi i mądrymi. Jak widzę, że ktoś jest sfrustrowany, cyniczny, obgaduje innych, to odchodzę, nie chcę mieć kogoś takiego w swoim świecie, nawet jeśli jest wpływowy, znany, ważny.

Dbałość o prywatność wynika z obaw o bezpieczeństwo czy z charakteru?

To, jakie głosisz poglądy, wpływa na odbiór twoich tekstów. Jeśli piszesz o księdzu, który gwałci dzieci, i przyznasz, że jesteś niewierzący lub wierzący, zmieni to postrzeganie reportażu. Dlatego staram się tego nie ujawniać.

Z drugiej strony to także wpływa na moich rozmówców. Kiedyś jednego z reporterów jego bohaterka zapytała, czy jest wierzący. Stwierdziła, że z niewierzącymi rozmawia w inny sposób. I myślę, że tak jest. Ludzie inaczej rozmawiają z nami, jeśli mamy trzydzieści, a inaczej, gdy pięćdziesiąt lat, jeśli wierzymy w Boga lub nie, jeśli mamy męża, dzieci albo nie.

Czyli tajemniczość to twój atut?

Z punktu widzenia psychologii najlepiej nam się rozmawia z kimś, kto wydaje się podobny do nas. Brak informacji o poglądach politycznych czy religijnych reportera ułatwia rozmówcy, zarówno konserwatywnemu, jak i lewicowemu, otworzenie się przed nim.

Jesteś specjalistką od zła. Czy sama zetknęłaś się z traumatycznymi sytuacjami?

Osobiście niczego drastycznego w życiu nie doświadczyłam, miałam kochających i wspierających rodziców. Ale widziałam dużo takich sytuacji, w których dzieci były upokarzane, bite. Pamiętam, jak kiedyś do nas do domu przybiegła boso koleżanka pobita przez rodziców. Miałam też styczność z bezradnością, brakiem zaufania do instytucji, do państwa. Zawsze chciałam się dowiedzieć, z czego to wynika.

Ta książka mogłaby nosić tytuł Piekło kobiet. Nie ma w niej właściwie historii z happy endem. Czy dla twoich bohaterów w ogóle można sobie wyobrazić happy end?

Judoczka z mojego reportażu napisała, że dopóki walczy, zwycięża. Czyli to jest możliwe.

Po reportażu o profesor Monice Zbrojewskiej moja redaktor powiedziała, że przywróciłam bohaterce godność. Monika Zbrojewska i tak już nie żyła, niczego się nie dało odwrócić, ale przedstawiłam jej racje, punkt widzenia jej rodziny.

Z materiału o molestowaniu w wojsku wyziera bezsilność...

Główna bohaterka zadzwoniła potem i podziękowała, ponieważ tekst dodał jej siły i wiary w sprawiedliwość.

Czyli bohaterowie są zadowoleni po publikacjach?

Po reportażu o siostrze Bernadetcie, gdy zakonnica znalazła się w więzieniu, dzwonili niektórzy chłopcy z sierocińca. Zapewniali, że dzięki mnie żyją i w końcu chodzą z podniesioną głową. Są szczęśliwi, że ten tekst powstał. To, co mówili, było bardzo mocne, zwłaszcza jak na chłopaków, do których bardzo trudno dotrzeć.

Jak słyszysz przy okazji tematu molestowania: „z mojego punktu widzenia ta sprawa jest drobna", „on chciał zyskać przychylność pań", zdziwienie, że „za takie zachowanie może spotkać żołnierza kara", to potrafisz powstrzymać emocje?

Chyba umiem powstrzymywać emocje w rozmowie z bohaterami. Tylko raz je pokazałam, podczas rozmowy z żoną Mariusza Trynkiewicza, gdy ona stwierdziła, że czterej mali chłopcy, których zamordował jej mąż, sami są winni swojej śmierci.

Musisz to ćwiczyć?

Przygotowuję się do takich rozmów, staram się być maksymalnie profesjonalna. Nie wyobrażam sobie, że osoba z traumą opowiada mi swoją historię, a ja płaczę. To ona ma prawo do cierpienia.

Staram się też ze swoim bohaterem przepracowywać do końca jego historię. Przy dziewczynie, która zabiła swojego ojca, to był reportaż *Urodziny*, zauważyłam, że bardzo trudno jest kogoś otworzyć całkowicie, nawet jeśli ten ktoś chce się wyzwolić z niektórych wspomnień. Szukam takich słów, żeby bohater miał poczucie, że nie musi już do tego wracać myślami. Warto dbać o to, żeby po rozmowie z reporterem, bohaterowie czuli się lepiej niż wcześniej.

A w rozmowie z mordercą?

Długo uczyłam się, jak rozmawiać z ludźmi pozbawionymi empatii, emocji, psychopatami. Jak do nich docierać, sprawiać, żeby się otworzyli, jak nie poddać się ich manipulacji, wydobyć z nich niezbędne informacje.

Wcześniej z kolegą negocjatorem albo koleżanką psycholożką ćwiczymy dialogi, na przykład z mordercą. Oni mi mówią, które pytanie może go wyprowadzić z równowagi. Albo podpowiadają, że powinnam częściej patrzeć mu w oczy, w przeciwnym razie odniesie wrażenie, że go nie akceptuję. Dzięki temu jestem przygotowana do rozmowy i czuję się silna. Ale i tak staram się być ostrożna na wypadek, gdyby rozmówca mnie nagle zaatakował, chowam długopisy, zwłaszcza gdy kogoś prowokuję lub zadaję pytania, które mogą wzbudzić agresję.

Trudno bohaterów namówić na rozmowę?
To ciekawe, ale właściwie nikogo nie muszę przekonywać, żeby ze mną rozmawiał. Bohaterowie sami się do mnie zgłaszają, bo chcą, aby oprawca nigdy więcej nikogo nie skrzywdził. Wtedy wiem, że trzeba to tak napisać, żeby prześladowca nie miał już na to szansy.

Wiem, że dla tej osoby to bardzo ważne. Gdy opisałam historię skrzywdzonej tłumaczki w reportażu *Elbląg odwraca oczy*, dostałam wiele listów od zgwałconych kobiet, które pisały, że im chodzi tylko o to, żeby przestępca nie mógł spokojnie chodzić po ulicy, śmiać im się w twarz i dalej robić złe rzeczy.

Zgłaszają się też bohaterowie negatywni?
Po tym, jak rozmawiałam z żoną Mariusza Trynkiewicza, zaczęło się zgłaszać dużo mafiosów i ich żony albo

narzeczone. Uważały, że to, co piszę, jest literaturą i oni chcą zostać moimi bohaterami. Musiałam im odmawiać. Pisze wielu morderców, dostaję mnóstwo listów z więzień.

Brzydziłabyś się z kimś porozmawiać?

Nie. Przeprowadzałam bardzo trudne rozmowy, na przykład z księdzem pedofilem, on podał mi na zakończenie rękę. Wcześniej rozmawiałam z jego ofiarą, więc to było bardzo trudne emocjonalnie. Jednak jako reporter nie mogę się nikogo brzydzić. Muszę starać się przedstawić zdanie, także mordercy czy pedofila.

Ale po tej rozmowie przewróciłaś się na ulicy, to wynikało z emocji?

Owszem. Nie planowałam pisać o tym w reportażu, praktycznie nigdy nie pokazuję siebie w tekstach. Moja redaktorka mnie do tego przekonała. Pamiętam, że spałam wtedy w jakimś ośrodku, nie wiedziałam, kiedy uda mi się znaleźć tego księdza, więc byłam przygotowana nawet na trzydzieści noclegów. Dzwonię stamtąd do mojej redaktor, mówię, że jestem poobijana, bo wywróciłam się jak długa, głupio się czuję. Powiedziała: „Justyna, dodaj to do reportażu, pokaż chociaż trochę swoich emocji, uczuć. To także jest wątek reporterski". Dałam się namówić.

Drugi temat, który często u ciebie wraca, to Kościół. Pochodzisz z małej miejscowości, gdzie religijność jest bardzo ważna. To stąd wrażliwość na takie tematy? Myślę, że to przypadek. Jedna sprawa pociąga kolejną. Gdy powstał reportaż o księdzu samobójcy, ktoś podsunął mi temat o gejach katolikach. Gdy napisałam o ośrodku w Łysej Górze, trafił do mnie temat siostry Bernadetty.

Reportaż o gejach katolikach był inny niż twoje pozostałe teksty. Mam poczucie, że zawarłaś w nim troskę, by świat gejów i świat Kościoła gdzieś się spotkały. Że pisałaś go dla ludzi Kościoła, aby zrozumieli. Tak było. Spotkałam się z panią ze stowarzyszenia Wiara i Tęcza, która walczy o godność osób LGBT, które wierzą i są blisko Kościoła. Nie potrafiła zrozumieć, dlaczego tyle osób wierzących odnosi się z nienawiścią do ludzi, którzy chcą być w Kościele. Uważała, że nie powinno się im utrudniać życia, mówić z ambony, że to nie jest miejsce dla nich, skoro chcą żyć jako katolicy.

Ogromne wrażenie zrobił na mnie gej po trzydziestce, który nigdy w życiu nikogo nawet nie pocałował. Nie mogłam sobie wyobrazić, jak można przeżyć tyle lat w takiej czystości, bez fizycznej bliskości z inną osobą. A on to robił dla wiary, choć jednocześnie nie odnalazł w sobie takiego powołania, żeby zostać księdzem. Chciałam pokazać, jak trudno jest homoseksualnym katolikom.

Jesteś zadowolona z tego tekstu?
Ucieszyło mnie, że reakcje były bardzo pozytywne. Zwykle teksty o gejach wywołują homofobiczne komentarze, a po tym bohaterowie mieli poczucie, że zostali zrozumiani.

Czy teksty o siostrze Bernadetcie, o księdzu pedofilu nie utrudniają ci kontaktu ze środowiskiem kościelnym?
Nie, ponieważ piszę o faktach. Moi rozmówcy zgadzają się, że reakcja zakonu wobec księdza pedofila była niewłaściwa. Wielu księży chce zmieniać Kościół. Widzą, jak działa homolobby, nie chcą hipokryzji, podwójnych standardów.

Dlaczego zakon opłaca adwokata księdzu pedofilowi?
Ktoś może tłumaczyć, że to ze względów finansowych, żeby zapadł jak najniższy wyrok, żeby zakon nie musiał

płacić potem odszkodowania... Ale w Polsce zakony zwykle nie płacą odszkodowań... Ktoś mógłby powiedzieć, że chodzi o solidarność środowiskową. A może ten ksiądz zna kogoś wyżej postawionego, też o pedofilskich skłonnościach? Tego nie sposób się dowiedzieć. Chciałam to napisać, żeby zakony wiedziały, że dziennikarze nagłośnią takie rzeczy. Jeśli hierarchowie i inni księża będą bronić pedofila, to wymienimy ich nazwiska, podamy informacje o zakonie.

Może to dobrze, że taki człowiek zostaje w zakonie, bo jest wtedy pod jakąś kontrolą? Bo świecki pedofil po odbyciu wyroku nie jest tak naprawdę przez nikogo kontrolowany.
Tylko że ludzie, o których piszę, mają przeważnie pozycję i władzę. Jeśli ktoś jest zakonnikiem albo księdzem, lekarzem, adwokatem albo prezydentem miasta, to traktuje się go inaczej ze względu na jego status. Księdzu będzie łatwiej uwodzić dziewczynki, zdobywać ofiary niż zwykłemu człowiekowi. Osoby skazane za pedofilię nie powinny pełnić żadnych funkcji zaufania publicznego.

Słyszałaś, że w ujawnionym ostatnio rejestrze osób skazanych za pedofilię brakuje wielu byłych księży?

Absolutnie nie potrafię tego zrozumieć. Jest jakaś furtka prawna pozwalająca uniknąć znalezienia się w tym rejestrze. Ale to stwarza problem, o którym wciąż mówię: ci, których stać na dobrych adwokatów, są bezkarni, ponieważ mają pieniądze oraz władzę i zawsze spadną na cztery łapy.

W jaki sposób osiągnęłaś tak mocną pozycję w dziennikarstwie?

Miałam szczęście, że konsekwentnie realizowałam swoje marzenie z dzieciństwa, trwałam przy nim i ono stało się moją pasją.

Bo od dzieciństwa wiedziałam, co mnie interesuje i co chcę robić. Czytałam książki Goffmana, Zimbardo, opisy instytucji zamkniętych, mechanizmy rodzenia się zła i destrukcyjnych zachowań społecznych. Starałam się obracać wśród ludzi, którzy się tym zajmują, psychologów, policjantów. W pewnym momencie stało się to dla mnie naturalnym środowiskiem.

Wiele osób dziwi się, że potrafię przez wiele godzin pracować. Ale ja tego nie traktuję jak obowiązku, mnie to nie męczy, bo to moja pasja.

Trzy rzeczy, które sprawiły, że jesteś tu, gdzie jesteś?

Po pierwsze, podróże. To, że mieszkałam w Kenii, sprawiło, że gdy przyjechałam do Polski, widziałam wszystko ostrzej: problemy polityczne, napięcia między ludźmi, procesy społeczne. To otwiera mnóstwo takich malutkich klapeczek.

Po drugie, studia w Wielkiej Brytanii. Nawiązałam kontakty z wieloma ludźmi, którzy do dziś mi imponują, zobaczyłam, jak się tam pracuje, jak pisze.

Po trzecie, chyba jestem po prostu pracowita. Znam wiele osób, które mówią, że czegoś chcą. Snują plany w kawiarniach, by za rok w tych samych kawiarniach identycznie marzyć o tym samym. Jeden z moich kolegów od dziesięciu lat powtarza, że napisze książkę. Ja, jak sobie zaplanowałam studia zagraniczne, to zaczęłam pracę w Wielkiej Brytanii na dwa etaty, by móc za studia zapłacić. Rano jako recepcjonistka, a wieczorem – barmanka. W recepcji tak mało się działo, że mogłam czytać i analizować Kapuścińskiego, Krall, Janion.

I zawsze lubiłam wszystkie swoje prace. W recepcji koledzy narzekali, że marnują się, że to wszystko jest poniżej ich kwalifikacji, a dla mnie to była świetna okazja do kontaktu z ludźmi. Zarabiałam na studia, poznawałam fajnych ludzi i jeszcze znajdowałam czas na czytanie książek. Obie z siostrą potrafimy czerpać radość z drobnych rzeczy.

Naprawdę wstajesz o czwartej rano i od razu siadasz do pracy?

Często. Bardzo lubię wstawać o czwartej lub piątej, bo najlepiej mi się pisze od piątej do dziesiątej.

Co robisz, żeby obudzić mózg o czwartej?

Nie mam z tym żadnego problemu. Dawniej w ogóle dobrze funkcjonowałam przy minimalnej ilości snu. Gdy pracowałam w Kalifornii, spałam po trzy godziny dziennie i świetnie się z tym czułam.

Jak pracujesz?

Bardzo lubię samą czynność pisania. Mnóstwo dziennikarzy opowiada, że jak mają się zabrać do pisania, to wolą umyć lodówkę, iść na zakupy, posprzątać mieszkanie, żeby tylko nie siąść do pracy.

Nigdy w życiu nie przyszłoby mi do głowy, aby gotować albo sprzątać zamiast pisać. Odkładałabym gotowanie i sprzątanie, byle pisać.

Jak wygląda miejsce, w którym pracujesz?

Bardzo lubię prostotę w życiu. W moim mieszkaniu jest bardzo mało przedmiotów. Piszę w gabinecie. Jest urządzony cały na biało.

To ważne?

Tak. Biel albo drewno – lubię te barwy, żeby było jak najbardziej neutralnie, surowo. Zamykam drzwi i nic mnie nie rozprasza.

Z okna mam widok na drzewo. Gdybym widziała ulicę, opuściłabym żaluzje, żeby nic mi nie przeszkadzało. Piszę w ciszy i z wyłączonym telefonem. Jak mam dużo rzeczy do załatwienia, to piszę godzinę, pięć minut przeznaczam na sprawdzenie maili i oddzwonienie, a potem wracam do pracy. Ale najlepiej, gdy mogę pisać cały czas.

Internet cię nie rozprasza? Social media?

Nie, nie dałam się w to wciągnąć.

Traktujesz je tylko jako narzędzie do promocji?

Jeśli piszę o jakiejś nagrodzie, to dlatego, że ona mnie autentycznie cieszy, nie myślę o promocji. Raczej chcę dać znać jury, że doceniam, że to jest dla mnie bardzo ważne. Dziennikarstwo traktuję jako oddanie głosu tym, którzy go na co dzień nie mają, więc nagrody sprawiają, że ten głos jest jeszcze bardziej donośny. Jakiś czas temu wyjechałam na miesiąc do Afryki, do miejsca, gdzie nie ma zasięgu. I prawie nie zauważyłam, że nie mogę odebrać maila, sprawdzić Facebooka.

Dostajesz kilkadziesiąt maili z tematami dziennie? Wybierasz kilka, a co się dzieje z resztą?
Nie jestem w stanie przeczytać wszystkich maili.

Ktoś ci pomaga odpowiadać na wiadomości?
Nie. Ludzie, którzy do mnie piszą, wiedzą, że mogę ich maili nie przeczytać, ale wiedzą też, że będę je czytała tylko ja. Gdyby myśleli, że listy czytają moi asystenci, to możliwe, że nie mieliby takiego zaufania, nie zdradzali tylu szczegółów.

Wszystkie moje ostatnie tematy są właśnie z maili. Ofiara księdza pedofila napisała po tym, jak zobaczyła mnie w Dzień Dobry TVN.

To może na spotkaniach autorskich zgłaszają się ci, którym nie odpisałaś?
Czytelnicy na spotkaniach nie zgłaszają tematów. Przychodzą raczej powiedzieć mi miłe rzeczy, pochwalić za

któryś z tekstów. Mam wspaniałych czytelników. Dodają mi sił do pracy.

Gdy siadasz do tekstu, to masz cel, który chciałabyś osiągnąć?

Zazwyczaj tak. Na przykład przy siostrze Bernadetcie chciałam, żeby ona trafiła do więzienia i żeby zmieniło się prawo dotyczące instytucji zamkniętych dla dzieci. I to się udało.

Zawsze zadaję sobie pytanie, co mój tekst może zmienić, do czego zainspirować czytelnika, co może zmienić we mnie, dlaczego on jest ważny. Bo najgorsze, co można zrobić, to zawracać komuś głowę bez powodu.

Powiedziałaś kiedyś, że Clarice Starling z _Milczenia owiec_ uratowała jedną osobę i jej życie dzięki temu już zawsze będzie miało sens. Piszesz, żeby twoje życie miało sens?

Tak. W dzieciństwie trudno było mi zauważyć głębszy sens w czymkolwiek, wszystko wydawało mi się takie bardzo powierzchowne. Bałam się, że całe życie będę wstawała rano, chodziła do jakiejś nudnej pracy, wracała, że wszystko będzie takie powtarzalne… Pamiętam, że bardzo się tego bałam. I robiłam, co mogłam, żeby żyć inaczej.

Ile miałaś wtedy lat?
Dziesięć, może mniej.

Jaki powinien być temat, żebyś się nim zainteresowała?
Musi być uniwersalny, żeby nie poruszył tylko kilku zainteresowanych tą tematyką osób, żeby każdy mógł go odnieść do swojego życia. Przy wręczaniu nagrody europejskiego Pulitzera powiedziano mi, że reportaż *Oddział chorych ze strachu* mógłby być czytany wszędzie poza Polską. To jest dla mnie bardzo ważne.

I druga rzecz – powinna to być historia, która mnie dotyka, coś we mnie zmienia, powoduje, że pewne rzeczy sobie przewartościowuję, zadaję różne trudne pytania. Najwięcej takich pytań było przy tekście o minister Monice Zbrojewskiej.

A zdarzyło się, że wycofałaś się z tematu, bo nie udało się kogoś przekonać do rozmowy, zebrać dowodów, potwierdzić jakiejś tezy?
Nie, nigdy. Bywało bardzo ciężko, ale nigdy nie odpuściłam. Poza tym nigdy nie mam z góry założonej tezy.

Przy reportażu o Monice Zbrojewskiej długo myślałam, że to, co jej zrobiono, było prowokacją. Okazało się, że to przypadek. Dotarłam do człowieka, który ją zatrzymał, gdy prowadziła samochód pod wpływem alkoholu. Byłam przekonana, że on został nasłany, że ktoś mu zapłacił. Sprawdziłam to na mnóstwo różnych sposobów. Ale nie, to przypadkowy człowiek, który zobaczył, że ktoś dziwnie jedzie. On miał potem ogromne wyrzuty sumienia, a przecież postąpił właściwie. Myślałam, że to będzie reportaż o czymś zupełnie innym, a nagle okazał się historią o tym, jak ważne jest życie prywatne. O tym, że nie należy uciekać wyłącznie w pracę, nawet jeśli sprawia nam ona dużo satysfakcji.

Nie planując i niczego nie zakładając, zawsze do czegoś dojdziesz?

Właśnie! Ale jak już zabieram się do pisania, to muszę wiedzieć, o czym jest reportaż. Bo ja siadam do pisania dopiero po skończonej dokumentacji. Wszystko przepracowuję, analizuję rozmowy, czytam wielokrotnie i dopiero wtedy zaczynam pisać reportaż. Nie mam asystentów, wszystko robię sama.

Jaki ma na ciebie wpływ tematyka, którą się zajmujesz? Zostawia jakiś emocjonalny ślad?

Zostawia, ale nie chcę o tym mówić. Krzysztof Miller, fotoreporter, który popełnił dwa lata temu samobójstwo, napisał do mnie krótko przed śmiercią, że może za dużo robię tych tematów. Że powinnam na siebie uważać.

Zgodzisz się z nim?

Trudno powiedzieć, pełnię konsekwencji widać dopiero z perspektywy czasu.

Podczas pracy nad *Oddziałem chorych ze strachu* uświadomiłam sobie, że znalazłam się nad przepaścią, że kolejny jeden albo dwa tematy muszę wybrać z innej bajki, żeby sobie uporządkować głowę. I dlatego powstała *Nieśmiertelność chrabąszczy*.

Widzisz u siebie symptomy wypalenia zawodowego?

Bardzo przeżywam cierpienie ofiar, dobrze, że to zajmuje tylko ułamek mojej pracy. Bo niektórym wydaje się, że ktoś do ciebie przychodzi, opowiada ci historię i już jest reportaż. A to jest dopiero jeden procent. Ciężka praca zaczyna się później – udowodnienie ich słów, znalezienie akt, dokumentacji medycznej, przekonanie pracowników różnych instytucji, żeby udostępnili pewne materiały, dotarcie do świadków, policjantów, prokuratorów.

Nie chcę mówić o tym jak mi źle, bo jako dziennikarz mam łatwiej niż moi koledzy policjanci, prokuratorzy. Oni cały czas widzą te trupy, cały czas z tym obcują.

Twoim znakiem rozpoznawczym są rozmowy z sędziami, prokuratorami, policjantami, którzy prowadzili konkretne sprawy, docierasz do nich, nie zatrzymujesz się na rzecznikach prasowych.

Koledzy czasem mówią, że miałam fajny pomysł, bo rozmawiałam z konkretnym sędzią albo prokuratorem. A ja po prostu byłam ciekawa, co ta osoba ma do powiedzenia, bo ona żyła daną sprawą i ma na dany temat największą wiedzę.

To mój żywioł, jeśli mam kogoś postawić pod murem, to wiem, co powiedzieć, w jaki sposób. Robię to już intuicyjnie, czuję się w tym pewnie, nie boję się, że ktoś mnie zagnie, mam odpowiednią wiedzę, jestem dobrze przygotowana.

Trafiasz zazwyczaj do tych, którzy są najsłabszymi ogniwami systemu...

Ludzie często wypalają się zawodowo, pozwalają na zbytnie obciążenie pracą. Ktoś im wciąż dokłada zadania, oni się na to zgadzają, a w pewnym momencie nie wytrzymują psychicznie, mają dość, przestaje im zależeć. A od tego, że ci nie zależy, do tego, że nie wykonujesz dobrze swoich obowiązków, jest jeden mały krok.

A z drugiej strony spotkasz takiego policjanta, jak w reportażu *Ile mamy trupów w szafach*, który zamyka się na wiele godzin z mordercą w celi, żeby wyciągnąć od niego zeznania.

Szukam takich pasjonatów, oni lgną do mnie, a ja do nich. Często dzwonią, chcą się poradzić. Ostatnio dzwonili policjanci w sprawie, w której przestępca miał dużo cech kobiecych i uważali, że może będę w stanie go lepiej zrozumieć, jego kroki i motywacje.

Zgadzam się na takie rzeczy od razu. Staram się zawsze pamiętać, że ktoś coś dla mnie zrobił i bardzo dużo daję od siebie, odwdzięczam się.

Czy ktoś odpowiedział za błędy, które wytknęłaś?

Były osoby, które miały sprawy dyscyplinarne po moich reportażach, ale dalej pracują. Przez jakiś czas się bali, ktoś zwrócił uwagę na ich błędy, ale bardzo trudno spowodować, żeby sędzia albo prokurator został wyrzucony z pracy. Na pewno po moich tekstach będą bardziej uważni, samo wymienienie z imienia i funkcji oznacza ostracyzm w środowisku.

Kiedyś zadzwonił do mnie prokurator. Powiedział, że koledzy po fachu dali mu do zrozumienia, co o nim myślą. Zaczął się tłumaczyć, przyznał, że się wypalił.

Odpowiedziałam mu, że w jego przypadku praca decyduje o ludzkim życiu, jeżeli ktoś jest wypalony, musi iść do psychologa czy nawet psychiatry, leczyć się. Nie może pracować, ryzykując życie innych. Obiecał, że pójdzie do lekarza.

A zdarzało się, że politycy prosili o radę, konsultację?
Tak, zdarzało się. Ale mam zasadę, że nie przyjaźnię się z politykami. I spotykam się wyłącznie oficjalnie.

Nawet rozmowa z synem artystki nie jest dla ciebie odskocznią od mrocznych tematów.
Dla mnie Violetta Villas zawsze była jednym z najbardziej tajemniczych i mocnych tematów w polskiej kulturze. Ktoś, kto osiągnął tak wiele, jeden z niewielu polskich artystów, który poradził sobie w Stanach. Śpiewała z Barbrą Streisand, miała świetne recenzje. I upadła na samo dno, nie wiem, czy można niżej upaść. Hołubiona przez wszystkich, a zmarła w samotności.

To jest historia o tym, jaką cenę kobieta, człowiek płaci za odstawanie od przeciętności, opowieść o tym, jak wiele osób chce ją ściągnąć do swojego poziomu.

Ciekawił mnie też wątek dziecka artysty. Byłam kiedyś w domu wybitnego polskiego pisarza. On już wtedy nie żył, a jego córka, wtedy czterdziestoletnia, pokazała na drzwi do pokoju i, przykładając palec do ust, powiedziała, że trzeba być cicho, bo tam tata pracował i zawsze mówił, że trzeba być cicho. Nagle zobaczyłam w tej kobiecie malutką dziewczynkę, która zaraz się rozsypie i zrozumiałam, jak on strasznie ją skrzywdził.

Artysta bardzo często stawia na pierwszym miejscu sztukę. Wtedy cierpi rodzina, zwłaszcza dzieci. Ciekawiło mnie, czy takie osoby powinny w ogóle mieć dzieci. Ta historia interesowała mnie na bardzo wielu poziomach.

Byłam zaszczycona, że syn Violetty Villas tak się przede mną otworzył. Widziałam, że uważa na słowa, nie chce powiedzieć czegoś, co nie jest prawdą. On jej nie idealizował, to jest prawdziwa Villas, z upadkami, upokorzeniami, wariactwami.

Rozmawiamy w momencie, kiedy narasta fala antysemickich wypowiedzi, co chwilę trafiają do nas jakieś negatywne newsy z całego świata. Masz jakiś sposób, żeby sobie z tym radzić, żeby się jakoś odciąć?

Bardzo ważna była dla mnie rozmowa z ostatnim klezmerem, Leopoldem Kozłowskim. Z tego człowieka wylewała się radość: wino, pianino, rozmowy, żarty. W pewnym momencie Wojciech Ornat, właściciel restauracji Klezmer Hois, w której się spotkaliśmy, powiedział: „Ten człowiek stracił całą rodzinę, był w obozie, musiał grać dla Niemców, był strzępem człowieka. I on teraz wie, co jest w życiu ważne".

Tysiąc razy bardziej wolę opowiedzieć taką historię, wiem też, że ona dotrze do ludzi, niż komentować bieżące newsy, gdzie mój głos rozpłynie się w fali tysiąca innych komentarzy.

Dlatego bardzo dużo pracuję, rano piszę, potem mam spotkania, wieczory staram się spędzać z siostrą albo znajomymi i właściwie nie mam czasu, żeby się zajmować mediami społecznościowymi, newsami.

Czy żona Mariusza Trynkiewicza nadal go kocha?
Nadal uważa, że Mariusz Trynkiewicz jest najważniejszym mężczyzną jej życia. Gdy po publikacji psychologowie mówili w telewizji, że to jest syndrom sztokholmski, że przeżyła gwałt w dzieciństwie i szuka miłości w swoim oprawcy, napisała mi, że ich pozwie, bo oni kłamią i nie wiedzą, co to jest prawdziwa miłość.

Co jeszcze czeka na odhaczenie w zeszycie „decyzje życiowe"?

Teraz filmy. Bardzo czekam na film *Czy Bóg wybaczy siostrze Bernadetcie?*, następny ma być inspirowany *Oddziałem chorych ze strachu*. Chciałabym zrobić film i książkę, które będą popularne nie tylko w Polsce, lecz także na świecie. Niedawno byłam ekspertem na planie serialu kryminalnego w Wielkiej Brytanii.

Co robisz na takim planie?

Rozmawialiśmy z psycholog Elisabeth Yardley i dziennikarzem Donalem MacIntyre, skąd biorą się seryjni mordercy, jak wygląda ich dzieciństwo, jaką rolę odegrały matki, babki czy inne kobiety w ich życiu, bo okazuje się, że seryjni mordercy zwykle nie byli upokarzani przez ojców, a przez matki. Dlatego często mordują kobiety.

Rozmowy były nagrywane i zostały wykorzystane w serialu.

A podczas pobytu w Afryce też pisałaś?

Tam wszyscy potrafią opowiadać. To chyba wynika z tego, że często nie mają telewizorów, smartfonów.

Spotykaliśmy się w jakimś namiocie nad rzeką i ktoś zaczynał snuć opowieść. Czułam się wtedy jak w *Pożegnaniu z Afryką*. Spisywałam te historie, one różnią się od tych, które piszę w Polsce, są bardzo magiczne.

Zdradzisz kiedyś reportaż na rzecz prozy?

Na pewno w przyszłości będę pisała powieści, ale nie zrezygnuję z reportażu. Chcę pogodzić te dwa światy. Ale wyraźnie je oddzielając.

Dla mnie reportaż to prawda. Ostatnio odbyła się dyskusja wśród reporterów, na ile można sobie pozwolić przy pisaniu. Niektórzy uważają, że jeśli nie dotarło się na spotkanie, to można napisać, że się na tym spotkaniu było. Ja uważam, że nie można. Trzeba w stu procentach pisać prawdę. Jak się do reportażu doda choćby szczyptę trucizny, to już jest to trucizna, a nie czysty reportaż.

Pierwsza powieść będzie inspirowana *Oddziałem chorych ze strachu*. Po tym reportażu dostałam bardzo dużo maili, wiele interesujących historii ze szpitali psychiatrycznych, których nie byłabym w stanie opisać. Wykorzystam je w powieści. Mam już zebrane wszystkie materiały, zaczęłam pisać. Uważam, że przy powieści trzeba mieć taką samą dokumentację, jak przy reportażu.

Rzetelnie przygotować charakterystyki postaci, poznać procedury, zachowania personelu szpitala.

Co dla przyjemności czyta, ogląda Justyna Kopińska?

Uwielbiam *Z zimną krwią* i *Śniadanie u Tiffany'ego* Trumana Capote. Zupełnie różne książki jednego autora, który potrafił opisać życie nowojorskiej elity i opowiedzieć historię chłopaka, który zabił w małym miasteczku w USA. Mam ogromny szacunek dla tego autora – znał psychikę człowieka, umiał odczytywać ludzkie zachowania, nawet to, czego inni nie chcieli powiedzieć, i to, czego się najbardziej wstydzili. Moim zdaniem to największa zaleta reportera lub pisarza.

Wracasz do tych książek?

Bardzo często. Wracam też do filmu *Milczenie owiec*, oglądałam go chyba trzydzieści kilka razy. Ostatnio widziałam świetny hiszpański kryminał *Contratiempo*.

Oglądam mnóstwo filmów. W liceum tak zauroczył mnie *Lot nad kukułczym gniazdem*, że zdobyłam scenariusz tego filmu i nauczyłam się go niemal na pamięć.

Niedawno poruszyła mnie pewna scena w *Manchester by the Sea* i też przeczytałam scenariusz, żeby zobaczyć, jak jego autor to wymyślił.

A współczesna literatura?
Wolę starsze książki, Dostojewskiego czy Kapuścińskiego. Zauważyłam, że sięgam bardzo często po teksty
zmarłych autorów. Czasami wolę przeczytać tę samą
książkę po raz trzeci niż sięgnąć po coś nowego, co może
być słabe.
Uwielbiam Sándora Máraia. Umieściłam kilka jego
cytatów na swoim Facebooku. On nawet w kilkuzdanio-
wym cytacie potrafi złapać życie. To wywołuje mój podziw, że w kilku słowach oddaje to, co człowiek ma gdzieś
głęboko w sobie.

Czego słuchasz?
Lubię spokojną i delikatną muzykę: Norah Jones, Sade.

A jak odpoczywasz? Tylko nie mów, że pisząc.
Pisanie każdego dnia rano na pewno sprawia, że można
się uwolnić od swoich demonów. Wylewając coś na pa-
pier, wyrzucasz to z siebie. Najlepiej odpoczywam, oglą-
dając filmy, często robię wtedy jakieś zapiski.
Dużo czasu spędzam z siostrą. Jesteśmy bardzo blisko. Jeździmy razem na weekendy do taty i naszej babci,
która ma dar opowiadania pięknych historii.

Podróżuję, byłam w zeszłym roku nad Jeziorem Turkana w Kenii, w Kambodży z moim najlepszym przyjacielem Grzegorzem. Chciałabym jeszcze pojechać do RPA i Nowej Zelandii. Uwielbiam naturę i chciałabym zobaczyć tamtejsze krajobrazy.

Mój przyjaciel Rafał świetnie gotuje, uwielbiam spotykać się z nimi przy kolacji.

A ulubiona potrawa?

Chyba jednak placki ziemniaczane mojej mamy.

Spis treści